学生汉字形近易混字通解

赵学清 付露 黄爽 著

商务印书馆
The Commercial Press

图书在版编目(CIP)数据

学生汉字形近易混字通解/赵学清,付露,黄爽著. ——
北京:商务印书馆,2023(2024.5 重印)
ISBN 978-7-100-23088-9

Ⅰ.①学… Ⅱ.①赵… ②付… ③黄… Ⅲ.①汉
字—辨别—中小学—教学参考资料 Ⅳ.①G634.303

中国国家版本馆 CIP 数据核字(2023)第 187374 号

学生汉字形近易混字通解
赵学清 付露 黄爽 著

商 务 印 书 馆 出 版
(北京王府井大街 36 号 邮政编码 100710)
商 务 印 书 馆 发 行
北京新华印刷有限公司印刷
ISBN 978-7-100-23088-9

2023 年 12 月第 1 版　　　　开本 880×1230 1/32
2024 年 5 月北京第 2 次印刷　　印张 10⅜
定价:59.00 元

前　　言

　　汉字是世界文明史上的一朵奇葩，最早成系统的汉字是甲骨文。甲骨文与楔形文字、古埃及文字、玛雅文字同为世界四大古文字。汉字从甲骨文至今一直保持着表意性质，当楔形文字和古埃及文字相继弃守之后，汉字仍在其独特的方块空间里挥洒着线条笔画，谱奏出表意文字的视觉美感。汉字是中华文化的基石，也是我们每个中国人须臾不可离开的文化符号和学习工具。我们初识汉字，就打开了通向中华文化的大门；当我们认识的汉字越来越多时，对中华文化的了解与认知也就日益增强。

　　不过，随着认识汉字数量的增加，你是否发现，有些汉字，如"未"和"末"、"币"和"币"等，长相极为相似？在该用"即"还是"既"时，你是否有过犹豫？写字时，你是否感觉到"己""已"难分？你有没有想过它们为什么如此相像？你追问过它们相似的原因吗？了解它们的区别与联系吗？为了帮助读者更好地区别形近易混字，我们撰写了这本《学生汉字形近易混字通解》。

这是一本对常见常用且形近易混的汉字进行解析的通俗读物。读者群体主要是中小学生、中小学语文教师以及学习汉语的外国人。希望利用汉字来源和构造意图，结合字形及用法的演变，分析形近字的差异，讲清楚它们的来龙去脉，以帮助读者朋友加深对汉字的理解和认知，提高使用汉字的能力。

汉字历史悠久，特色鲜明，在世界文字史上独树一帜。在数千年的漫长发展历史中，汉字以其特有的超地域、超方言的作用和艺术魅力，为记录汉语、传承中华民族悠久灿烂的历史文化做出了重要贡献，成为我们中华文化的瑰宝。从殷商到今天，汉字的形体与结构都发生了重大变化。汉字形体演变的历史以秦代为界限，分为古文字阶段和今文字阶段。"隶变"是汉字两个阶段的分水岭，"隶变"后出现了隶书，汉字笔画形成了，汉字构形意图越来越模糊了。如果不了解汉字最初的模样，就很难理解现代汉字承载的文化与意义。

汉字形近字的出现与汉字的表意性质密切相关。世界上的文字可以分为两大体系。根据费尔迪南·德·索绪尔（Ferdinand de Saussure）在《普通语言学教程》中的说法，世界上的文字只能划分为表音体系和表意体系两种。英文和汉字在文字性质上是不同的，英文属于表音文字，汉字属于表意文字。用通俗的话说，英文是

"听"的文字,汉字是"看"的文字。汉字形体直接显示的信息是语义,汉字在记录汉语音义的同时也包含着构造理据。现代汉字源于古汉字,古汉字的构造蕴含着造字时的意图和文化信息。

基于以上对汉字的基本认识,我们在辨析形近字时特别重视追溯字源,同时重视介绍汉字的演变过程,以便读者了解形近字的前世今生。本书从汉字的甲骨文和金文等古文字字形出发,结合许慎的《说文解字》对造字意图进行阐释,分析形近字形体构造与所表音义的关系。形近字之间的区别与联系往往就隐藏在汉字字形演变与造字意图中。在对每组形近字的发展演变有了充分了解后,它们之间的区别与联系也就一目了然。汉字在漫长的演变岁月中,或在形体上发生变化,或在使用中被假借、替代,抑或分化出新的字形,但无论发生怎样的变化,都离不开最初的起点。因此,探源就成为本书的一个特色。本书在形近字辨析中适当引入了古文字的素材与知识,也有助于提高读者对汉字的兴趣,加深其对汉字表达功能的理解,明悉形近字的异同。

通俗读物不同于学术专著,既要通俗易懂,也要大众喜闻乐见,尽量避免晦涩枯燥的讲述。一方面是将文字学专业知识分享给一般读者,另一方面也要让人读得懂,愿意读。同时兼顾好两者,并不是一件容易的事。我们尽力做到深入浅出,简明扼要。首先,所选汉字皆为常见字。我们以《通用规范汉字表》收录的 8105 个字为依据，结合在中小学语文教学中发现的形近易混字情况，整理出了这 139 组常见形近易混字。其次，在内容讲解上，力求内容精练，可读性强。既考虑材料出处的真实性、准确性、原始性，也兼顾材料的趣味性、丰富性、典型性。有一些很有意思的材料因不够原始或不够典型而被放弃，还有一些材料因学术性太强而不收录。最后，在篇幅长短上，每组易混字独立成篇，一般在千字左右。

如果你是一名中小学生，通过阅读这本书，可以领略到汉字的魅力，这有助于提高你的写字、用字能力，并由此而爱上语文；如果你是一位语文教师，通过阅读这本书，可以更准确地把握汉字，更好地指导学生学习汉字；如果你是一位正在学习汉语的外国友人，通过阅读这本书，可以更好地学习汉字，提高学习成效，并由此爱上中文。我们期待这本《学生汉字形近易混字通解》能帮助你解决汉字形近易混的困难，成为你学习汉字的有利助手，帮助你提高汉字应用能力，进而提高对汉字与中国文化的认知水平。

目　　录

1. "暗" 和 "暗"

　　"暗" 和 "暗"（yīn）仅有一横之差，字义却有很大区别。尽管 "暗" 比 "暗" 更常用，但如果不仔细看，极容易将这两个字认错。想要更好地辨别它们，我们可以了解一下它们的来源。

　　先来看 "暗" 字。《说文·日部》："暗，日无光也。从日，音声。""暗" 的意符是 "日"，"日" 是 "太阳"，表示白天。从 "日" 的字多有明亮之义，如 "星""晴""明" 等。了解 "日" 以后就更容易理解 "暗"。"日无光也" 的意思是：虽然在白天，但没有光亮。"暗" 的本义为光线不足，不够明亮。与之相对的就是 "明"。《韩非子·解老》："以为暗乎，其光昭昭；以为明乎，其物冥冥。" 这句话是在讨论 "道" 是什么：如果说 "道" 是昏暗的，但它的光又很明亮；如果说它明亮，作为一种 "物" 它又很昏暗。此外，我们能够通过很多成语中 "明" 与 "暗" 的对立来把握 "暗" 的意思，如 "明察暗访""明争暗斗""柳暗花明""弃暗投明" 等。

"暗"又指夜晚、天黑。先秦时期，"暗夜"义为黑夜。《吕氏春秋·精谕》："桓公虽不言，若暗夜而烛燎也。"说齐桓公虽然没有说出来（自己的想法），但这个想法就像黑夜里燃烧着的烛火一样明亮清楚。

后来"暗"又引申为隐蔽、隐秘、不公开等。白居易《琵琶行》："寻声暗问弹者谁，琵琶声停欲语迟。"说寻着琵琶声探问是谁在弹奏。这里的"暗问"有别于大声询问，更不是高声喊叫，而是低声地、试探式地问。诗人没有选择"询问""发问""试问"等，而是选择了"暗问"，将发问人的神态和语气生动地展现出来，呼应了开篇浔阳江头幽寂、安谧的意境。

再来看"喑"。《说文·口部》："喑，宋齐谓儿泣不止曰喑。从口，音声。"许慎认为"喑"的意思是：在宋和齐这两个地方，如果小孩儿不停地哭，就称为"喑"。由此看来"喑"是一个方言用字。

"喑"的左边是"口"，表示嘴。"口"是用来说话、吃饭的器官，"喑"就和说话有关。又引申指悲痛过度以至于说不出话。再引申又有了哑的意思。《韩非子·六反》："人皆寐，则盲者不知；皆嘿，则喑者不知。"大意是说：人都睡着了，那盲人就不会被发现是盲人；人都沉默了，那么哑巴就不会被发现是哑巴。李时珍《本草纲目·虫三·蚱蝉》："未得秋风，则瘖不能鸣，谓之哑蝉，亦曰瘖蝉。""瘖蝉"即"哑蝉"，无法鸣叫，也作"蚱蝉"。

除了说不出话和哑两个意思外，"喑"还有一个常用义是沉默。龚自珍《己亥杂诗》："九州生气恃风雷，万马齐喑究可哀。"这里"万马齐喑"的"喑"即沉默不语，千千万万的马匹安静无声，就像保持沉默的人群。诗句用"万马齐喑"映射了当时人们在压抑、沉闷的生活环境中不敢发声的社会现实。

上面分析了"暗"和"喑"的字形特征和字义演变，我们就更容易区分这两个字了。尤其是通过观察它们的意符差异，可以更准确地把握字义，这样就不会把这两个字弄混了。

2.“奥”和“粤”

“奥”跟“粤”字形很像，有时会弄混。在学习这两个字的时候，怎么去区分呢？

先来看“奥”字。《说文》把“奥”收录在“宀”部，“宀”今天俗称“宝盖头”。“宀”一般作为部首出现，不能单独使用，但在甲骨文中却是一个独立用字，读作 mián，是个象形字。甲骨文作 宀，像一个房子。《说文·宀部》说它是“交覆深屋也”，意思是房屋很深。房屋深了空间就大，也就能存放和容纳很多东西，因此从“宀”的汉字多与此有关，如“宅”“室”“宫”等。

《说文·宀部》：“奥，宛也。室之西南隅。”段玉裁注：“宛者，委曲也。室之西南隅，宛然深藏，室之尊处也。”它的本义是室内的西南角，可泛指室内深处。《淮南子·时则训》：“凉风始至，蟋蟀居奥。”后又泛指幽深的地方。由此引申出精深、精湛、高深等义，多用来形容道理、义理高深且不易理解，如“深奥”“奥秘”“玄奥”等。在不少成语中也可以看到这

4

个含义，如"奥妙无穷""深奥莫测""深文奥义""奇辞奥旨"等。

再来说一下"粤"字。它的字形来自"雩"。甲骨文、金文、战国文字只有"雩"字。《说文》小篆将"雩"与"粤"分为两个字。在其后的文献中，"粤"主要用作介词、连词和语气词。而"雩"则主要用于祈雨祭祀之事。《尚书·尧典》："曰若稽古帝尧。"其中"曰"后又可借"粤"字，作"粤若稽古"。该成语常用以指探求古圣先贤之道。

今广东省和广西壮族自治区，被称作"两粤"。后来又用"粤"专指广东，广东的方言也被称作"粤语"。

3. "八""人"和"入"

"八""人""入"这三个字使用频率都很高,虽然笔画很少、字形简单,但不留心就会混淆。比如对"八"和"人"就一定要注意它们两笔之间的距离,对"人"和"入"则应分清楚哪一笔在上,哪一笔在下。那如何更好地记忆和掌握这三个字呢?下面来看一看它们的字源。

首先来看一下"八"字。甲骨文作儿,金文作八,形体与现在基本一致。《说文·八部》:"八,别也。象分别相背之形。""八"的造字意图是分开,本义是相背。后"八"被借用于表示数目,它本来的分开义就由新造的"分"字来承担。"八"主要作为数字使用,同时它也是一个非常重要的部首字。由它组成的很多汉字都与其本义有关,如"公""介""半"等。

再来看"人"字。它的甲骨文作亻,金文作亻,小篆则作尺。甲骨文像一个站着的人的侧面。《说文·人部》:"人,天地之性最贵者也。此籀文。象臂胫之形。""臂胫"指手臂和腿。《说文》对"人"的界定特别强调人的精神价值与人性的高贵。《论语·颜渊》："己所不欲，勿施于人。"就是说自己不想做的事情，不要强加给别人。"人"还引申出抽象含义，表示人的品质或性情、性格。《孟子·万章下》："颂其诗，读其书，不知其人，可乎？"

以"人"为部件的汉字很多。比如"从"是两个相随而行的"人"；又如"众"，甲骨文作🔆，是太阳下边有三个"人"，表示众人、众多。《说文》中"人"作为一个部首有 244 个属字。

最后来看"入"字。《说文·入部》："入，内也。"本义就是进去、进来，与"出"相对。如《论语·先进》："由也升堂矣，未入于室也。"又如李清照《如梦令》："兴尽晚回舟，误入藕花深处。"是说划着船不小心进入了荷花茂密的地方。成语"登堂入室"就是说先登上厅堂，才能进入内室。后来词义引申，表示参与，比如"入伙"的意思就是加入、伙同。今天"入"还指收入，成语"入不敷出"即收入不够支出，表示贫穷。

我们从字源的角度分析了这三个字的字形演变和字义，可以发现它们的造字意图有明显不同。"八"表分开，"人"像人形，"入"表进入，这样就容易将它们区分开了。

4. "拔"和"拨"

　　"拔"和"拨"不仅在字形上格外相似，在读音上也很相近，这导致我们在认读和书写的时候常常将它们混淆。为什么它们仅仅只有一笔的细微差别就变成了两个完全不同的字呢？我们来看一看它们的字源。

　　"拔"右边是"犮"，"犮"的小篆作，表示犬在奔跑但被"丿"拖拽。《说文·犬部》："犮，走犬兒（貌）。"这里"走"义为跑，"犮"指犬奔跑不顺的样子。了解了"犮"，我们就可以来看"拔"。"拔"在战国竹简中作，是一个会意字，表示两只手拔草的样子。小篆字形作。《说文·手部》："拔，擢也。从手，犮声。""擢"义为引，"拔"表示抽拉、拉出、拽出等。《周易·泰》："拔茅茹，以其汇。"大意是将茅草连根拽出。又如《史记·项羽本纪》："力拔山兮气盖世。"描述项羽力气很大，拔山像拔草一样轻松，生动表现出了项羽撼天动地的力量与气魄。

　　"拔"引申为吸出。中医有一种物理疗法叫"拔火罐"，指把火罐吸附在身体上，利用抽吸、挤压的方法吸出湿气，以此达到疏通经络、行气活血的治疗效果。"拔"又引申表示选拔。《三国志·蜀书·诸葛亮传》："是以先帝简拔以遗陛下。"大意为先帝（指刘备）把他们这些人才选拔出来给陛下（指刘禅）使用。"拔"还可以表示超出、突出。比如超出同类、在同类中非常优秀可以说"出类拔萃"，"萃"就是草木丛生的样子，这里表示群体。还有个词叫"海拔"，指超出平均海平面以上的高度。

再来看"拨"字。它右边的部件是"发（發）"，"发（發）"本义为射箭。成语"弹无虚发"的意思就是子弹打出去以后每颗都能中靶。清楚了"发"，再来看"拨"。《说文·手部》："拨，治也。"本义表示治理、整顿。成语"拨乱反正"指治理混乱的局面，让其回到正常的秩序。"拨"由本义引申为拨开某物使他物出现。成语"拨云见日"表示拨开乌云，看到太阳，比喻除去障碍物，看到光明。又如骆宾王《咏鹅》："白毛浮绿水，红掌拨清波。""拨"就是拨开水面，划开水。"拨"又有弹拨义。白居易《琵琶行》："转轴拨弦三两声，未成曲调先有情。""拨"表示拨动琵琶上的琴弦。

此外，"拨"还可以表示调配、分配。《三国演义》第九十五回："吾与汝二万五千精兵，再拨一员上将，相助你去。"说诸葛亮表示可以调配一名能力很强的将领给马谡，以协助他作战。"拨"还可以作量词，用于人的分组，表示一批、一伙等。《宋史·礼志二十四·阅武》："共一千二百六十人，每六十人作一拨。"

可见，"拔"和"拨（撥）"本来形体差异很大，是汉字简化导致了两字的形近。

5.“褒”和“襃”

“褒”和“襃”字形很相似，都是把“衣”字拆开放入一个部件，那么这两个字是不是都和“衣”字有关系呢？

首先看一下“褒”，它是一个形声字。《说文·衣部》：“褒，衣博裾。”今天通用规范字为“褒”，“襃”属于异体字。“褒”本义指衣襟宽大，“裾”可以指衣服的后边，也可以指衣服的前襟。古代平民百姓穿的都是短衣服，只有厚禄高官或者文人学士才穿宽大衣衫。比如“褒衣博带”与“褒衣危冠”指的都是古代儒者的装束，“博带”指很宽的衣带，“危冠”就是高帽子。古代“褒衣”也指赏赐给诸侯的礼服，因此“褒衣”后来就泛指宽大的衣衫。李白《嘲鲁儒》：“秦家丞相府，不重褒衣人。”这里“褒衣人”指穿宽大长衫的人。后“褒”可表示赞扬、嘉许等义，与“贬”相对。如《论衡·实知》：“世俗褒称过实，毁败逾恶。”大意为人们总是给予成功的人过多称赞，而对失败的人又过分诋毁。“褒贬”常用于对好坏的评价，如成语“褒贬与夺”指给予人或者事物赞扬或批评，“褒贬不一”则指评价有好有坏。王禹偁《对雪》:"褒贬无一词,岂得为良史?"意思是:如果对于历史事件只有重复描述而没有自己的评价,那怎么能算得上是优秀的史家呢?现代汉语将感情色彩、意义积极且正向的词汇称为"褒义词",将消极的、负面的词汇称为"贬义词"。

再来看看"裹"字,它也是形声字。《说文·衣部》:"裹,缠也。从衣,果声。"本义是包着或者缠绕。"裹足"就是包着脚。如《史记·李斯列传》:"使天下之士退而不敢西向,裹足不入秦。"意思就是天下之人像脚被包着一样无法向前,后来也用"裹足不前"表示思想上的犹豫顾虑。古时人们骑马作战,战死沙场之后会用马皮把尸体包裹起来。《后汉书·马援传》:"男儿要当死于边野,以马革裹尸还葬耳,何能卧床上在儿女子手中邪?"成语"马革裹尸"形容战士英勇作战、为国捐躯的决心和气概。如李益《塞下曲》:"伏波惟愿裹尸还,定远何须生入关!"这句诗充分表现出了战士们慷慨激昂的斗志。

"裹"由包着、缠着引申为被包裹着的物品,即"包裹"。"包裹"既可以作动词,也可以作名词。如今得益于交通、物流的发达,快递已经成为人们运送或投递物品最常用的方式,"包裹"一词也成为现在日常生活中的高频词。

通过以上分析可以知道,"褒"和"裹"都从"衣",但它们的声符和造字意图都有很大区别。

6. "贝"和"见"

"贝"和"见"作为常用字，字形简单，区别也只在最后一笔："贝"是点，"见"是竖弯钩。为什么仅仅一笔的区别就成了两个完全不同的字呢？这要从它们的来源说起。

先来看"贝"字。繁体字作"貝"。甲骨文作＠，金文作＠，造字意图就是水中甲壳软体动物的外形。《说文·贝部》："贝，海介虫也。……象形。古者货贝而宝龟，周而有泉，至秦废贝行钱。凡贝之属皆从贝。""贝"本义指海里的贝类生物。这些软体动物的外壳就是贝壳，外观漂亮且能长久存放。贝壳常见于海边，内陆少见，所以被古人视为稀有之物。因此，贝壳也被赋予了经济价值，成为最早的货币。很多以"贝"为部首的汉字多与钱币、财富有关，如"财""贾""贷""账"等。因此"贝"字也可用来比喻富贵华丽。《楚辞·九歌》："鱼鳞屋兮龙堂，紫贝阙兮朱宫。"大意是：河伯居住的宫殿用鱼鳞盖屋顶，用紫色贝壳来堆砌，雍容华贵，富丽堂皇。成语"贝阙珠宫"就源于此，用来形容房屋宏伟华丽。

再来看"见"字。繁体字作"見"。《说文·见部》："见，视也。从儿，从目。凡见之属皆从见。""见"是一个部首字，义为"看见"。甲骨文作，金文作，上边都是目，表示眼睛，下边是一个跪坐的人形。在人的头上加眼睛，以突出眼睛的作用。《诗经·王风·采葛》："一日不见，如三秋兮。"后来词义引申，"见"表示进见、会见等。比如"扁鹊见蔡桓公"，这里的"见"就不能理解为扁鹊"看见"蔡桓公，而是有尊敬国君而拜见君上的进见之义。

"见"还引申出名词义，表示意见、见解，如"各抒己见""依我之见"等。"见"还用作助词，表示被动。《庄子·秋水》中有"吾长见笑于大方之家"，意为我会长久地被真正的名家所取笑。直到现在，人们客套时会说"让您见笑了"，"见笑"成了谦辞。

"见"就是"现"的古字，原本出现、显现义就用"见"字表示。《战国策·燕策三》："图穷而匕首见。"成语"图穷匕见"就源于此，表示事情发展到最后才显现出真正的意图。

可见，"贝"是象形字，再结合它是最早的货币，就很容易理解它的用法；而"见"是会意字，构形和意义也很清楚。在日常书写中，一定要注意笔画在细微处的差异，一笔之差可能会造成两个不同汉字的混淆。

7.“本”“木”和“米”

“本”和“木”的区别很小，如果没有注意到那个不起眼的短横，极容易将二者混淆。“木”和“米”也很像，不同之处是“米”的上边多了两笔。如何更好地区别它们？这就要追溯一下它们的字源。

先来看“木”字。《说文·木部》：“木，冒也。冒地而生。东方之行。从屮（chè），下象其根。”这是什么意思呢？根据“木”的甲骨文ㄓ可以看出，这个字形很像一棵小树。“木”是象形字，本义即树。《诗经·周南·汉广》：“南有乔木，不可休息。”“乔木”就是高大的树。树木加工成木材，可以制作很多器物。不过“朽木”就做不成什么有用之物了。孔子的学生宰予白天不读书，睡大觉，孔子骂他“朽木不可雕也”。“木”后引申出敦厚、淳朴之义，同时又有笨拙、愚钝、头脑不灵活等意思。现在人们用“榆木脑袋”形容头脑顽固不开窍，就是因为榆木非常坚硬。此外“木”还可以表示失去知觉，如“脸冻木了”，意思就是天气太冷，脸部冻得失去知觉；“麻”也有类似意思，两字合成为“麻木”

一词。

"木"是一个部首字，由它构成的字多与其本义——树有关，如"槐""松""杨""柳""枫""柏"等。古时人们称树多用"木"，"树"则作为动词使用，表示种植、栽培等意思，如"十年树木，百年树人"。

从"木"来说"本"就比较容易了。"本"是一个指事字，它的金文作，小篆作。字形就是在"木"下边加了一横，表示树根。《说文·木部》："本，木下曰本。从木，一在其下。""本"由树根引申指物体下部。如《礼记·大学》："物有本末，事有终始。""本"后又引申出根本、基础的意思。如《论语·学而》："君子务本，本立而道生。"大意是说：君子应该讲究做事的根本原则，这样才能把握住规律。后又引申出原来、本来义。《孟子·告子上》："此之谓失其本心。"意思是失去了初心。"本"还可以表示本金，比如"赔本买卖"，意思是把做生意的本钱都赔完了。

最后再来看"米"字。"米"也是象形字，甲骨文作。《说文·米部》："米，粟实也。象禾实之形。""米"的造字意图是一节谷穗，上下几个点代表的就是米粒，通常指谷类粮食作物去掉外壳后的籽实。《周礼·地官·舍人》："掌米粟之出入，辨其物。"清代袁枚有一首诗叫《苔》，诗中写道："苔花如米小，也学牡丹开。"意思是：苔藓的花如小米一样微小，但仍然像牡丹一样绽放。

"米"由本义引申指像米一样的东西，比如"虾米""花生米"等。此外，"米"还作长度单位，音译自英语单词 meter，这与它本身的字形就没有关系了。

8. "币" 和 "帀"

　　汉字中"币"和"帀"（zā）非常相像，区别在于上面是一撇还是一横。为什么仅这一笔之别就是两个完全不同的字呢？这还要从它们的来源谈起。

　　"币"在今天是一个很常用的字，大家每天花钱都要用人民币。"币"是钱币的意思。要分析它的字源，还需要看它的繁体字形。繁体字作"幣"，上面是声符"敝"，下面是意符"巾"。那么，"毛巾"的"巾"怎么能跟钱有联系呢？这要从古代的文化背景谈起。"巾"是汉字部首之一，表示丝麻织品和布制品的字多用"巾"作意符，如"布""帛""带""幅""帐""幕"等。"巾"可以表示丝帛，从"巾"的"幣"当然也是一种丝帛，它质地轻薄，穿上高贵华丽，因此很受人们欢迎。沿着"丝绸之路"，中国的丝绸还传到世界各地，英语中的 silk（丝绸）一词也来自汉语的"丝"。由于丝帛很贵重，所以在古代常用作礼品。如《汉书·苏武传》写到苏武出使匈奴时，"置币遗（wèi）单于（chányú）"。意思是苏武携带丝帛一类的礼物送给匈奴的首领单于。正是由于"币"十分贵重，所以就被用为货币。《管子·国蓄》就讲到"以珠玉为上币，以黄金为中币，以刀布为下币"，这里的"币"就是货币的意思。还有《史记·吴王濞列传》说到"乱天下币"，也指的是货币了。

货币自古至今名称很多，如春秋战国时期，晋国用布币，齐燕用刀币，楚国用爰为货币等。由于金属货币不好携带，使用不便，加之印刷术的发明，纸币就出现了。我国在宋真宗祥符年间出现纸币，是世界上最早发明纸币的国家。

"幣"字中的"敝"是声符，笔画有点多，在汉字简化时就用符号"丿"（piě）加以替代。《简化字总表》规定"币"为"幣"的简化字。"巾"中的"巾"是丝帛的意思。那么"帀"是不是也与丝帛有关系呢？《说文·帀部》："帀，周也。"许慎说，"帀"就是周转，即环绕的意思。今天通用规范汉字作"匝"，"帀"被当作异体字了。"匝"常用义为量词，表示周、圈。环绕一周叫"一匝"。今天上、下高速公路的弯道叫"匝道"。又如"绕树三匝"的意思是绕着树转了三圈。

"帀"在《说文》中是一个部首，其下只有一个"師"字，今天简化为"师"。"師"右边是"帀"，除此之外，汉字中几乎很少用"帀"来造字了。

在了解了"币"和"帀"的来源后，就要特别注意只有"币"是跟"巾"有关系的。"币"是小篆"之"反写形成的，其中的"巾"是隶变后形成的，跟表示丝帛的"巾"没什么关系。甲骨文"巾"作 ，字形像一条两头下垂的织物，是佩带在衣服上的丝巾。它既可用来擦汗或擦东西，又可作为装饰品。古人的衣服没有口袋，所以随身携带的物品也都挂在腰间的带子上。挂在腰间的刀叫"佩刀"，挂在腰间的玉叫"佩玉"，挂在腰间的手巾叫"佩巾"。后来"巾"也指头巾。"巾"的字形比较稳定，从甲骨文到楷书，一脉相承，没有大的变化。

说到这里，"巾"上加一横和加一撇为什么有那么大的区别就很清楚了。

9."壁"和"璧"

　　"壁"和"璧"都是上下结构。上边的部件完全相同，都是"辟"字；下边的部件一个是"土"，一个是"玉"。如果不留心，就有可能看错用错。这两个字怎么区别呢？

　　先来看"壁"字。《说文·土部》："壁，垣也。从土，辟声。"本义为墙壁。成语"家徒四壁"出自《汉书·司马相如传》："家徒四壁立。"说家里四面墙壁都是空的，表示极其穷困。"壁"由本义引申指陡峭的山崖，比如"绝壁"，指的就是极其陡峭无法攀缘的险峻山崖。李白《蜀道难》："连峰去天不盈尺，枯松倒挂倚绝壁。"通过描述枯松倒挂在悬崖峭壁上的情景，生动地展示了蜀道的险峻。林则徐有副对联说："海纳百川，有容乃大；壁立千仞，无欲则刚。""壁"即峭壁。"仞"是古代的长度单位，大约八尺或七尺为一仞，"千仞"形容山势十分陡峻。这副对联意在告诫人们要心胸宽广，修身养性。"壁"还特指军营的高墙，如《史记·项羽本纪》："及楚击秦，诸将皆从壁上观。"这里的"壁"指像峭壁一样的军营围墙。后来代指军营。《汉书·高帝纪上》:"晨驰入张耳、韩信壁,而夺之军。"这里"壁"指韩信和张耳的军营。成语"坚壁清野"出自《三国志·魏书·荀彧(yù)传》:"今东方皆以收麦,必坚壁清野以待将军。"荀彧告诉曹操,现在到了收麦子的季节,吕布所在的徐州方面一定会加固军营,撤退居民,藏好粮草,以对付曹军。

"壁"作动词表示驻守或驻扎。《史记·项羽本纪》:"项王军壁垓下。"意思是项羽的军队驻扎在"垓下"这个地方。《后汉书·耿弇(yǎn)传》:"时军士疲弊,遂大败奔还,壁范阳,数日乃振。""壁范阳"即驻扎在范阳。

再来看看"璧"字。它是古代的一种玉器,圆形,扁平状,中间有孔。《说文·玉部》:"璧,瑞玉圜也。"《尔雅·释器》:"肉倍好谓之璧。""肉"指玉器的边,"好"指玉器中间的圆孔。"肉倍好"指玉器边的宽度为孔直径的一倍,这样的玉器就称为"璧"。《尔雅·释器》还解释了另外两种玉器:"好倍肉谓之瑗(yuàn),肉好若一谓之环。"孔的宽度是边的一倍,这种玉器就称为"瑗";孔的宽度和边的宽度一样,这种玉器则称为"环"。古代的玉器种类丰富,用途广泛。如"璧"就常常被用作祭祀、朝聘、丧葬时的礼器,也可以像普通玉器一样作为装饰品。《诗经·卫风·淇奥》:"有匪君子，如金如锡，如圭如璧。"这里用"璧"来比喻君子的品行。后来词义引申，"璧"表示美玉，泛指玉器。比如我们非常熟悉的"完璧归赵"讲的就是和氏璧的故事。"璧还"表示辞谢赠品或者归还原物，作为敬辞使用。

"壁"从"土"，表示墙壁；"璧"从"玉"，表示玉石。注意两个字的意符差异，就能将它们区别开了。

10. "卞"和"卡"

　　"卞"和"卡"是两个非常相似的字，差别只是上边的笔画。为什么一点儿细微的差别就成了两个完全不同的字呢？

　　"卞"的来源尚不清楚。段玉裁说："弁之讹俗为卞。由隶书而貤谬也。"他认为"卞"是"弁"的讹体。《左传·定公三年》："庄公卞急而好洁。"杜预注解认为"卞"是一种急躁的病。《玉篇·丶部》："卞，……法也。又县名。"由此可知"卞"可以表示法度，还作古时的地名。春秋时鲁有卞县，后废除，故址就在今山东省泗水县东。《广韵·线韵》："卞，……又姓。出济阴，本自有周曹叔振铎之后，曹之支子封于卞，遂以建族。"由此可知，"卞"还表示姓氏，有一种说法认为这个姓氏的来源就与春秋时的卞县有关。

　　再来看"卡"字。"卡"有 qiǎ 和 kǎ 两个读音。先来看读 qiǎ 时的字义。"卡"读 qiǎ 时先是指哨卡，一般设在关隘地区，具有警戒作用。后泛指用来警戒的设置，称为"关卡"。由于关卡往往设在险隘或者难以通过的地方，会阻断交通行旅，于是"卡"又作动词用，表示卡住、堵塞等。如"卡壳"指的是枪械中的弹壳不能退出来而影响发射，后来也可以表示办事不顺利导致被迫停顿。"卡子"则是一种用于夹东西的用品，夹在领带上的叫作"领带卡"，夹头发的就叫作"发卡"。"发卡"作为现代生活中极其常见的一种头饰，根据使用位置和使用功能的不同还产生了其他新词，如"边卡""一字卡""十字卡"等。

"卡"读 kǎ 时，多用于音译词。如"卡车"来自英文单词 truck。基于这个音译词又有了其他同类词，如"轻卡""重卡"分别指承载吨位小、承载吨位大的卡车；又如"皮卡"来自英文 pick-up，指的是一种小型货车。

"卡"读 kǎ 时还常用于指卡片，来自英文单词 card，表示一种可以书写和印刷的小纸片，一般厚于普通书写纸。如"记分卡""分数卡"等。后来由其他材料做成的类似东西也被称作"卡"，如"通行卡""银行卡""会员卡""公交卡""贺年卡"等，带磁片的叫作"磁卡"，装于手机内部的用户识别卡称"SIM 卡"等。

此外，表示热量的单位"卡路里"简称"卡"，也是音译词，英文写作 calorie，缩写为 cal。现在我们经常说某种食物多少"卡"，指的就是这种食物所含的热量。

弄清楚了"卜"和"卡"的来源和用法，在书写与使用的时候就不容易出错了。

11. "辩""辨"和"辫"

　　"辩""辨"和"辫"是三个常用字。由于它们字形相近，读音相同，所以很容易用错或写错。区别三者，要从它们意符的差异入手。

　　这三个字的构成部件中都有两个"辛"，"辛"代表什么？"辛"的甲骨文作👆，是一个象形字，像古代一种用来给罪犯脸上刺标记的刑具，所以与它相关的字多与罪人、罪犯有关。比如"罪"字，本作"辠"（zuì），从"辛"。又如"无辜"的"辜"，《说文·辛部》："辜，罪也。"本义是罪，无辜就是没有罪。成语"死有余辜"意思就是即便判处死刑也还有多余的罪行，说明罪大恶极。

　　"辛"表刑具，合在一起的两个"辛"——"辡"（biàn）表示什么呢？《说文·辡部》："辡，罪人相与讼也。"它的本义是辩解、争辩。有学者认为，"辡"是"辩"的本字，表示罪人争论是非曲直之义。

　　现在再来看这三个形近字。首先看"辩"字。其繁体字作"辯"，中间是"言"。《说文·辡部》："辯，治也。"本义就是争辩、辩论。《列子·汤问》讲了一个有趣的故事：孔子在东游路上看到两个小孩儿在争论太阳远近的问题。"孔子东游，见两小儿辩斗"，"辩"就是争论、辩论。由辩论又引申出巧言利口，善为说辞。《老子》第四十五章说"大辩若讷"，意为真正能言善辩的人看上去却很木讷。

再来看"辨"。它的金文作𡭴，中间是"刀"。《说文·刀部》："辨，判也。"本义是判断、区分。《论语·颜渊》中有"子张问崇德辨惑"，其中"辨惑"即辨别是非。"辨"的本义在很多成语中都有所体现，如"审思明辨""莫辨楮叶""不辨龙蛇"等。

最后看"辫"字。繁体字作"辮"，中间是"糸"（mì）。《说文·糸部》："辮，交也。从糸，辡声。"本义是交织、编织。由此引申出编织成辫的东西，如"辫子"就是把头发分股编成带状。后来又引申为像辫子一样的东西，如"蒜辫"是把蒜的蒜秧和蒜头编在一起。

可见，从"辩""辨"和"辫"这三个字的意符出发来区分它们，还是比较容易的。

12.“毫”和“豪”

　　“毫”和“豪”两个字容易弄混，区别仅仅在多一横和少一横。为什么一笔的差别就导致两个字的读音和意思都相去甚远呢？来看一看它们的来源。

　　先来看“毫”字。“毫”来自于“豪”，“豪”的本义指豪猪，因为这种动物长着又硬又长的刺，所以“豪”可以表示又细又尖的毛。《山海经·西山经》：“（三危之山）其上有兽焉，其状如牛，白身四角，其豪如披蓑。”大概是说三危之山上有外形像牛的猛兽，身上的毛发如同披着蓑衣一样。“豪”的这个意思后由新造字“毫”来承担。鸟兽为了过冬，从入秋之后就开始长出细小的绒毛，以应对逐渐变冷的天气。“秋毫”就指秋天鸟兽身上的细小绒毛，也常被用来比喻微小之物。如成语“明察秋毫”出自《孟子·梁惠王上》：“明足以察秋毫之末。”意思是说视力好到可以看清楚秋天鸟兽身上的细毛。又如“秋毫不犯”比喻军纪严明。“丝”常与“毫”并用，表示极其微小。陆游《鹧鸪天》：“家住苍烟落照间，丝毫尘事不相关。”意思是家住在苍茫如烟、落日晚照的乡间，与世俗之事没有任何关联。

古时最主要的书写工具——毛笔，也是采用动物的细毛制作，所以"毫"又表示毛笔。欧阳修《朝中措·送刘仲原甫出守维扬》："文章太守，挥毫万字，一饮千钟。"说太守一下笔就是万语千言，一喝酒就是千盅百杯。

"毫"还是中国市制计量单位，十毫等于一厘。"毫米"和"厘米"都是很小的长度单位，因此"毫厘"常并用以比喻数量极少。成语"失之毫厘，谬以千里"，意思是说微乎其微的失误也可能导致巨大的差错。

"亳"读作 bó，这个字不太常用，主要用于地名。《说文·高部》："亳，京兆杜陵亭也。从高省，乇（zhé）声。"根据许慎的说法，"亳"指"京兆杜陵亭"，在今陕西省西安市东南。《广韵·铎韵》："亳，国名。春秋时陈地。"可知"亳"是古国名。今有安徽省亳州市。

"毫"和"亳"仅有一横之差，形体上相似，但意义相去悬殊。"毫"指动物细微的毛发，其下是"毛"；而"亳"用作地名，其下是"乇"。

13. "仓"和"伧"

　　"仓"和"伧"的读音和意思完全不同，但两个字看上去很相似。二者的区别在于下边的部件，一个是"巳"，一个是"匕"，不仔细看很容易混淆。那如何来区别它们呢？

　　"仓"，繁体字作"倉"。甲骨文作 🕳，像一个粮仓，上边像顶，中间似门，下边像底部。"仓"的本义就是粮仓。《管子·牧民》："仓廪实则知礼节，衣食足则知荣辱。""仓"和"廪"都是储存粮食的处所。粮食充足才能懂得礼仪，丰衣足食才能知晓荣辱。后来"仓"泛指储存物资的地方，如"货仓"是存放货物之地，"仓库"是存放东西的房屋。需要注意的是，古时"仓"与"库"有所区分，前者主要用于存放谷物等，后者则是储存武器、装备等的地方。

　　"仓皇"为联绵词，表示匆忙、紧张。辛弃疾《永遇乐·京口北固亭怀古》："元嘉草草，封狼居胥，赢得仓皇北顾。"这里"仓皇"描绘的就是战败后慌忙逃命的样子。

"仑"，繁体字为"侖"。《说文・亼部》："仑，思也。"甲骨文作𠈌。或认为它是一个会意字，上边表示集合，下边表示书册，合起来表示有次序、有条理。"仑"作为部首所构成的字大多都包含着有次序的意思，如"伦"（旧指人与人之间的等级关系）、"轮"（依次或接替做事）、"论"（有条理地说明）等。

"仑"还常用于词语"昆仑"，即昆仑山。它西起帕米尔高原，东到青海，横贯新疆和西藏，是我国西部山系中的主要山脉。昆仑山具有重要的文化意义，《山海经》和《淮南子》等典籍都对昆仑山有丰富描述。《山海经・海内西经》："昆仑之虚，方八百里，高万仞。"《淮南子・地形训》："掘昆仑虚以下地，中有增城九重，其高万一千里百一十四步二尺六寸。"在我国的道教文化中，昆仑山也被奉为"万山之祖"，流传的众多神话故事都与昆仑山有关。

可见，"仓"和"仑"的繁体字相差很大，是简化后才导致了形体的相似。

14. "叉" 和 "又"

　　"叉"比"又"多了一"点"。为什么这一"点"的区别却形成两个完全不同的字呢？这就要从它们的字源说起。

　　"又"是一个象形字，甲骨文作ㄟ，像人右手的侧面，造字意图就是右手。《说文·又部》："又，手也。"用"又"作意符的字多数都和手的部位或手部的动作有关。如"有"字，金文作ㄌ，上部是"又"，下部是"肉"，像右手持肉状。到了楷书，"又"的横和撇左移，"肉"写成"月"，成了今天的"有"，也就看不出手拿肉的字形了。又如"秉"字，甲骨文作ㄥ，左边是一棵向右垂下谷穗的禾，右下部是右手，像以手持禾。到了小篆作ㄌ，原在右边的"手"改为伸入禾中，楷书延续了小篆的写法。再如"友"字，甲骨文作ㄌ，两只右手相靠，像两人伸出右手，表示交情、友谊。今天楷书中的"又"作为构字部件已经变形，无法显出右手之状，需要追溯字源才能了解。

　　"又"本义为右手，后来由于用"右"字表示右手，

"又"就不再承担本义，而是多作副词使用，表示动作的重复或继续。如蒲松龄《聊斋志异·促织》："试与他虫斗，虫尽靡。又试之鸡，果如成言。"《促织》讲到一个叫成名的老实人有一只非常厉害的蟋蟀，而县官不相信这只蟋蟀本领奇特，就亲自拿它与别的蟋蟀相斗，这只蟋蟀屡战屡胜。这里的"又"就表示"再一次"。"又"还表示而且之义。龚自珍《病梅馆记》："未可明诏大号以绳天下之梅也；又不可以使天下之民斫直，删密，锄正。"又如《三国演义》第五十五回："岸上军士齐声大叫曰：'周郎妙计安天下，陪（赔）了夫人又折兵！'"讲的是周瑜设计把刘备困在东吴准备趁机夺回荆州，然而计划失败，刘备不仅带走了新婚夫人孙尚香，还让周瑜遭受了损兵折将的打击。后来就用"赔了夫人又折兵"来比喻没占到便宜反而使自己遭受损失。

再来看一下"叉"字。它是在"又"中间加了一点。《说文·又部》："叉，手指相错也。"意思是手指相互交错。后来"叉"泛指交错或相交。《三国志·魏书·邓艾传》："使刘禅君臣面缚，叉手屈膝。""叉"由手指交错的意思引申为工具名，这类工具的前端有分开排列的齿条，形状似人手指，因此也称为"叉"。潘岳《西征赋》："垂饵出入，挺叉来往。"这里"叉"指的是一种名为"鱼叉"的抓鱼工具。"叉"还可用为动词，表示用工具去叉取物品。这个意思也可以由"扠"来表示。

此外,"叉"还可以表示形状为"×"的符号,"打叉"就是在错误或者作废的事项上做标记。

"叉"又读 chǎ,表示分开、张开。《古谣谚·时人为官吏语》:"知县是扫帚,太守是畚斗,布政是叉袋口。""叉袋口"就是张口袋子。

可见,"叉"与"又"有关,但本义不同,后来的用法也有差异。

15. "荼" 和 "茶"

　　不少人第一眼看到"荼"的时候，不是把它看成了"茶"，就是觉得这个字跟"茶"有关。从字形上看，"喝茶"的"茶"添加一横就变成了"荼毒"的"荼"。"荼"跟"茶"有没有关系呢？

　　"荼"，小篆作𦸂。《说文·艸部》："荼，苦荼也。从艸，余声。"《尔雅·释草》："荼，苦菜。""荼"本义指一种味道发苦的菜。荼味苦，蓼（liǎo）味辛，荠味甘；所以"荼蓼"可以形容处境艰难，"荼荠"则用来比喻小人和君子。荼性苦，故可表示痛苦之义，"荼毒生灵"就是使生灵受苦。"荼"可通"涂"，"涂炭"指烂泥与炭火，也作"荼炭"，借指极困苦的境遇。

　　此外，茅草或者芦苇开的小白花也叫"荼"。成语"如火如荼"出自《国语·吴语》："万人以为方陈，皆白常（裳）、白旆、素甲、白羽之矰，望之如荼。王亲秉钺，载白旗以中陈而立。左军亦如之，皆赤常（裳）、赤旆、丹甲、朱羽之矰，望之如火。右军亦如之，皆玄常（裳）、玄旗、黑甲、乌羽之矰，望之如墨。"大概意思是说当时吴王夫差率领的作战军队，中军穿白战衣，举白战旗，披白铠甲，持白羽弓箭，远远望去就像一片白色的茅草花。左军是红衣、红旗、红甲、红羽弓箭，右军是黑衣、黑旗、黑甲、黑羽弓箭，军队气势震天骇地。后来就用"如火如荼"形容声势浩大。

那么"荼"字和"茶"字有没有关系呢？中国人发现茶、饮用茶已有四千多年的历史。茶文化虽然源远流长，但"茶"字却不是一开始就有的。在"茶"字没有出现时，人们用"荼"来表示茶这种植物，即"荼"是"茶"的古字。"茶"字从"荼"分化出来的具体时间尚无定论，大约是在唐代。陆羽《茶经·源》："茶者，南方之嘉木也。一尺、二尺，乃至数十尺。""茶"本指茶树，也指茶树叶子及其饮品。后来"茶"也指一些非茶叶饮品，如凉茶、鸡蛋茶（用沸水冲制鸡蛋做成汤）等。此外，"茶"还可以指包含茶饮品和一些佐茶食物的茶点，如早茶、下午茶、晚茶等。河南省周口市还将白开水称作"茶"，这就是方言用法了。

中国茶文化的核心是茶道，主要指品茗养身，参悟哲理。因此茶也是古往今来文人寄托情感、陶冶情操的重要意象。张可久《人月圆·山中书事》："山中何事？松花酿酒，春水煎茶。"描绘了山居生活的静谧闲适，通过煮酒饮茶，体现了诗人回归自然的超凡心态。

了解了"荼"和"茶"的字源，也就清楚了这两个字在写法和意义上的区别和联系。"荼"字早于"茶"字出现，"荼"在早期有"茶"的意思，但也包含了其他义项；"茶"为后起字，多与饮品相关。

16. "拆" 和 "坼"

　　"拆"是常用字,"坼"(chè)则不太常用,但不少人会把"坼"误读为"拆"。由于右边的部件相同,加之提手旁(扌)和提土旁(土)也非常相近,两个字很容易被认错、读错。它们在字源上有什么关系吗?

　　先来看"坼"字。"坼"也作"墌"。《说文·土部》:"墌,裂也。"本义是裂开。《诗经·大雅·生民》:"不坼不副(pì),无菑(灾)无害。"这句诗描述了周的始祖后稷出生的情况,大意为后稷出生时胞衣没有裂开,生产非常顺利。其中"坼"和"副"都表示裂开的意思。《战国策·赵策三》:"周烈王崩,诸侯皆吊,齐后往。周怒,赴于齐曰:'天崩地坼,天子下席。东藩之臣田婴齐后至,则斮之。'"成语"天崩地坼"就源于此,表示天地碎裂。杜甫《登岳阳楼》:"吴楚东南坼,乾坤日夜浮。"描述洞庭湖波澜壮阔、烟波万顷,以浩瀚之势将吴地、楚地分割开来,整个天地如同在洞庭湖中上下浮动。

　　再来看"拆"字。"拆"与"坼"同源,本义也是裂开。但用作及物动词时，表示用手把合在一起的东西分开。韩愈《寄皇甫湜》："拆书放床头，涕与泪垂泗。"说拆开书信放在床头，涕与泪双双流下。这里的"书"不是书籍，而是信件。"拆"泛指打开、分开，这也是"拆"最常用的义项。比如"拆散""拆伙""拆封"等。成语"拆东墙，补西墙"用来比喻为了应急而牺牲这个，弥补那个，还比喻临时救急或凑合应付。拆开又引申为拆毁。杜甫《自京赴奉先县咏怀五百字》："河梁幸未拆，枝撑声窸窣。"意思是幸好桥梁的柱子没有被拆毁。现代汉语中有个词叫"拆台"，字面意思是拆毁台子，常用来比喻通过破坏性的手段使一件事情无法顺利进行。

宋元时期出现了一种叫"拆白道字"的文字游戏，即将一个字拆开，变成一句话。如黄庭坚的《两同心》："你共人，女边著子；争知我，门里挑心！"说的是"好"和"闷"两个字。"女边著子"就是"好"，"门里挑心"就是"闷"。古人用"拆白道字"这种隐晦的方式去表达意见或不满，在元散曲、杂剧中较为常见。

17. "炒"和"钞"

　　"炒"和"钞"的偏旁不同，"火"和"金"作为意符对字义的提示非常清晰。"炒"的含义跟"火"有关，"钞"的含义与金属有关。如何区分两个字呢？这就需要看一下它们的字源。

　　"炒"是一个形声字，从"火"，"少"声。《方言》卷七："熬、䭇（chǎo）、煎……，火干也。""䭇"是"火干"的一种，后作"炒"。"火干"是古代的一种烹饪方法，指用火去除粮食中的水分，把粮食做熟。后"炒"泛指把食物放在锅里，用旺火加热，在加热过程中随时翻动使食物变干或者变熟。食物经过炒之后温度会升高，因此"炒"还可以指金融活动中转手买卖从中获益。如"炒股票""炒外汇"等。"炒作"则是指为了扩大影响而做出的宣传，多作为贬义词使用。

　　"炒"有时也与"吵"字通用，表达吵闹义。《朱子语类·训门人九》："既无家事炒，又无应接人客，正好提撕思量道理。"

　　"炒"是中国最基本也是最常用的一种烹饪手法。根据不同的食材或炒法，又分为生炒、熟炒、清炒、爆炒、煸炒、滑炒等。"炒鱿鱼"一词常用于比喻义。鱿鱼切片下锅以后炒熟，会立刻卷成筒状，就像卷起了铺盖一样，员工被老板开除就是"卷铺盖走人"，被称为"炒鱿鱼"。

再来看"钞"字。《说文·金部》："钞，叉取也。从金，少声。""叉取"就是用金属等器具拿东西。由此引申为掠夺。《后汉书·公孙瓒传》："剋（kè）会期日，攻钞郡县，此岂大臣所当施为？"这里"钞"就是"掠夺"的意思。今天我们说的"钞票"指纸币。这又是怎么来的呢？我国历史上有长达两千多年的"盐铁官营"政策，盐的经营权由政府掌握。在宋代，商人可以从官府领取一种单据，商人拿着这种单据可以到特定地方取盐、茶等物。这种单据在当时被叫作"钞引"，也叫作"交子""会子""关子"等。于是"钞"就引申出了纸币的意思。清代咸丰以后开始称"钞票"。此外，"钞"还可以表示誊写、抄录。陆游《寒夜读书》其二："韦编屡绝铁砚穿，口诵手钞那计年！"那些选录、抄写的著作也可称为"钞"，如民国时期徐珂创作的《清稗类钞》，就是对清代掌故遗闻的汇编，包括文集、笔记、札记、报章等。"钞"表示掠夺、誊写、抄录的意思今多写作"抄"。"钞"则主要用作钞票义。

从上边的分析可知，"钞"表示的是用金属器物拿东西，而"炒"则主要和烹饪有关。

18."尘"和"尖"

　　"尘"和"尖"上面都是一个"小"字，下面分别是"土"和"大"。我们常把"尘"字分解为"小的土"，以更好地理解它的意思；也会把"尖"说成"一头大一头小"。这些说法有没有依据呢？我们来看一看两个字的来源。

　　"尘"的繁体字作"塵"，"鹿"在"土"上。《说文·麤部》："麤，鹿行扬土也。从麤，从土。"造字意图就是群鹿奔跑扬起尘土。"麤"简化为"塵"，"塵"又进一步简化为"尘"。"尘"是会意字，小的土就称作"尘"。《左传·成公十六年》："甚嚚，且尘上矣。"指人声喧闹、尘土飞扬的场景，原指军营中作战前的忙乱形势，后多用于形容消息流传很广。又如苏轼《江城子·乙卯正月二十日夜记梦》："纵使相逢应不识，尘满面，鬓如霜。"说即便是再次相见也无法相认，因为满脸都是灰尘浮土，两鬓已是苍白如霜。此句表达出诗人深切的哀伤。

　　群鹿在地上奔跑可以引起尘土飞扬，人在地上的活动也会留下印迹，因此"尘"引申出行迹、事迹的意思。李白《忆秦娥》："乐游原上清秋节，咸阳古道音尘绝。"成语"步人后尘"意思是踩着别人的脚印走。佛教将人世间称为"尘世"，也叫"红尘"。苏轼《临江仙》："一别都门三改火，天涯踏尽红尘。"说都城一别就是三年，远走天涯不停奔波。成语"滚滚红尘"则用来指繁华而喧嚣的人世。

"尖"本作"鑯"。《说文·金部》："鑯，铁器也。"段玉裁注："盖锐利之器，郭注《尔雅》：用为今之尖字。"李学勤《字源》说"尖"字大约产生在魏晋时期。《玉篇·大部》："尖，……小细也。"《广韵·盐韵》："尖，锐也。""尖"指物体尖锐的末端，用作形容词，表示细小、尖利。杨万里《小池》："小荷才露尖尖角，早有蜻蜓立上头。"意思是：嫩嫩的荷叶刚刚从水面中伸出尖尖的角，就已经有蜻蜓停留在上边了。"尖"又可表示声音很高或者刺耳。贾岛《客思》："促织声尖尖似针，更深刺著旅人心。"大意是：蟋蟀的声音非常高，每叫一声都像针一样刺痛着旅途中游子的心。又指听力或者视觉非常灵敏，如《红楼梦》第六十三回："偏你这耳朵尖，听得真。"又如成语"眼尖手快"，意思是眼疾手快，行动敏捷。

在一些方言中，"尖"还可以用来表示小气、吝啬等义，作形容词。如"这个人很尖，从不借给别人东西"。

了解了"尘"和"尖"的字源，知道了它们各自的本义，就不容易将二者弄混了。

19. "沉" 和 "沈"

　　经常看古诗词的人可能会发现一个问题：张若虚《春江花月夜》中的"斜月沉沉藏海雾"一句，在彭定求等人编纂的《全唐诗》（中华书局，1960年4月第1版）中，却写成"斜月沈沈藏海雾"。这是不是说古人写了错别字呢？"沉"和"沈"这两个字是什么关系呢？我们来看一看它们的字源。

　　中国古代有丰富的祭祀和祈福活动，其中一种就是把牛或者羊投入河里，献给河神，祈求免灾，以保佑百姓，这也体现在了古人造字上。"沈"的甲骨文作牆，两边的线条表示河床，中间是"牛"，表示把牛投进河里。《尔雅·释天》："祭川曰浮沈。"也有甲骨文作牆，中间是"羊"。《说文·水部》有"沈"字，不过只释为水名。

　　除了"沉没"的本义，"沈"还兼表姓氏和地名。《左传·文公三年》："伐沈，以其服于楚也。"意思就是出兵讨伐名为"沈"的诸侯国。后来为了表义明确，人们另造"沉"字来承担"沉没"的意思，"沈"字则专用于姓氏和地名。今"沈"用作地名，是辽宁省沈阳市的简称，不过"沈阳"的"沈"本来写作"瀋"，后简化为"沈"。

"沉"承担了"沈"的"沉没"义，可泛指沉没。贾谊《吊屈原赋》："侧闻屈原兮，自沉汨罗。"由于物体沉入水中的方向是向下的，所以"沉"可表示降落，如"斜月沉沉"是月亮落下去。又如现代汉语中常说"沉住气"，指让情绪稳定；成语"沉心静气"的"沉"，也是指放松情绪，使心绪安宁。

"沉"还表示程度很深。如"沉思"是深入思考。"沉痛"是极为痛苦。"沉疴"指重病，成语"沉疴难起"就是说久患重病无法下床。"沉睡"就是睡得很熟。"沉醉"本义是大醉，李清照《如梦令》中说"沉醉不知归路"，意思是喝酒喝得大醉，都找不到回去的路了，但现在常用于表示陶醉在某一种状态中。由程度很深引申为分量很重，如"沉甸甸"。由下沉和分量重引申为抽象意义的低沉、深沉等。

可见，"沈"和"沉"在表示没于水中之义时，可以通用。《广韵·侵韵》："沈，没也。""沉，俗。"《广韵》说"沉"是"沈"的俗字。《春江花月夜》中用"沈"和"沉"都是正确的，只是版本用字的差异。"沉"字从"沈"字分出后，"沈"主要用于姓氏和地名，而"沉"主要表达沉没义，同时有其他引申义。

20. "乘"和"乖"

　　"乘"和"乖"字形非常相似，区别在于"乘"字多了两笔。二者是不是在造字理据上也有相似之处呢？这就要看一下它们的字源。

　　"乘"是一个会意字，甲骨文作 ⚹，金文作 ⚹，皆像一个人站在树杈上之形。小篆作 ⚹。"乘"的造字意图就是人站在树木上。"乘"义为乘坐。《诗经·邶风·二子乘舟》："二子乘舟，泛泛其景。"又为登上。《诗经·豳风·七月》："亟其乘屋，其始播百谷。"先秦的战争中，士兵会乘马车作战，马车是衡量战斗实力的重要标准。于是"乘"引申出了新的用法：一车四马称之为"乘"，读音为 shèng。马车越多，国力就越强。《论语·先进》："千乘之国，摄乎大国之间。""千乘之国"即拥有千辆马车的国家，在当时属中等国力。

　　乘坐交通工具就是对交通工具的利用，于是"乘"引申出了利用、凭借之义。张若虚《春江花月夜》："不知乘月几人归，落月摇情满江树。"这里的"乘"就是借助、凭借。"乘月"是借助月光。"乘"的这个意思和今口语中的"趁"很接近，如"乘兴""乘凉"等；"乘虚而入"意思则是趁着空虚或没有设防的时候进入。

再来看"乖"字。它的小篆作𠂔，中间像一个分开的角，下边是相背的两组线条，像两个人相背离的样子。《说文·𠂔部》："𠂔（乖），戾也。"意为不顺。《后汉书·范升传》："各有所执，乖戾分争。"又如《镜花缘》第七十一回："和气致祥，乖气致戾。"意思是和睦会带来吉祥，不和谐会招致祸患。成语"时乖命蹇"指时机不好，运气不顺，命途不佳。

在词义演变过程中，"乖"的适用范围变小，后专指人的性情、言语、行为不合理。《西游记》第四十一回："语言无逊让，情意两乖张。"写红孩儿和孙悟空的性格都十分乖戾。

"乖"的后起义还有乖巧、机灵，用来形容人顺从、听话。俗语"上一回当，学一回乖"的意思是吃亏之后就学会听话了。

通过上面的分析，我们就清楚了"乘"的造字意图是人登上树，而"乖"的本义则是背离。两个字在形体来源上没有任何联系，是隶变导致了它们的形似。

21. "弛"和"驰"

"弛"和"驰"很容易混淆，比如"松弛"可能就会被错写为"松驰"。怎样更好地把握它们的区别呢？这要从它们的字源谈起。

"弛"是一个形声字。《说文·弓部》："弛，弓解也。"本义是解开弓，即放松弓弦。这个意思与"张"相对，"张"的本义是给弓上弦。《礼记·杂记下》："张而不弛，文武弗能也；弛而不张，文武弗为也。一张一弛，文武之道也。"这段话用扣紧与放松弓弦来描述周文王、周武王的治国之道。成语"一张一弛"原比喻治理国家要宽严结合，后来也常用来表示工作、学习要像弓弦一样松紧有度，劳逸结合。

"弛"后引申出松开、松懈义。《韩非子·解老》："故万物必有盛衰，万事必有弛张。"又引申出在时间上放宽、延缓的意思。《战国策·魏策二》："因弛期而更为日。"就表示延缓时日，更改日期。"弛"还可以表示解除、废除。成语"息肩弛担"，"息"和"弛"都表示放下、解除，"肩"和"担"则表示责任和担子，这个成语的意思是卸下肩上的重担，比喻放下责任和任务。

再来看"驰"字。《说文·马部》："驰，大驱也。从马，也声。"本义指用力赶马使其快速奔跑。《诗经·唐风·山有枢》："子有车马，弗驰弗驱。"意思是你有车有马，为什么不驱赶车马与敌军战斗？引申指车马快速奔跑。《左传·宣公十二年》："车驰卒奔。"意思就是车马疾行，士兵飞奔。《木兰诗》："愿驰千里足，送儿还故乡。"说木兰希望骑上千里马，尽快回到自己的故乡。

"驰"可泛指各种疾行。毛泽东《沁园春·雪》："山舞银蛇，原驰蜡象。"生动描绘出了山岭雪景，山峰好像银色的蛇在空中飞舞，高原如同白色大象在大地上奔跑。成语"风驰电掣"的"驰"指疾行，"掣"是闪过，这个成语的意思是像暴风和闪电那样迅疾，形容速度极快。

"驰"还引申指名声、声誉的传播。郦道元《水经注·涑水》："赀拟王公，驰名天下。"意为名声传播得很远，全天下都知道。此外，"驰"还用来表示精神上的向往。《楚辞·离骚》："抑志而弭节兮，神高驰之邈邈。""驰"在这里就表示思绪飞得很远，表达了向往之意。

可见，区别"弛"和"驰"两个字的关键是注意它们意符的差异。

22.“充”和“允”

从字形上看，“允”字是“充”字的一个组成部件，但这两个字读音和含义又完全没有重合的地方。这是怎么回事呢？下面来看一看它们的字源。

“充”和“允”都在《说文·儿部》。这里“儿”读作 rén，是“人”的特殊写法。

先来看“充”字。其形体最早见于小篆，写作 𠑩，《说文·儿部》：“充，长也，高也。”《淮南子·说山训》：“钟之与磬也，近之则钟音充，远之则磬音章。”这里的“充”意思是声音洪亮悦耳。又如《晏子春秋·内篇杂上》：“年充众和而伐之，臣恐罢民弊兵，不成君之意。”“年充”指收成好。“充”由此引申出满、足之义，与“虚”相对。《孟子·梁惠王下》：“君之仓廪实，府库充。”意思是官府的仓库是满的。《荀子·儒效》：“若夫充虚之相施易也。”大意是实和虚可以互相转换、变化。“充”又引申出动词用法，表示填满、充满等。《周礼·天官·大府》：“凡万民之贡，以充府库。”意思是用民众朝贡的东西填满官府仓库。柳宗元《唐故给事中皇太子侍读陆文通先生墓表》：“其为书，处则充栋宇，出则汗牛马。”后用成语"汗牛充栋"表示因为书籍太多，搬运时拉车的牛被累到大汗淋漓，这些书放在房屋里可以填满整个房舍。

"充"又引申有充当的意思。白居易《卖炭翁》："半匹红纱一丈绫，系向牛头充炭直。"大意是差役们把半匹红纱和一丈绫挂在牛头上就充当了买炭的钱，从侧面反映出当时的劳动人民深受统治者剥削的残酷现实。"充"还可以表示凑数。《韩非子·内储说上》就讲了一个"滥竽充数"的故事。在几百个给齐宣王吹竽合奏的人中，有一个不会吹竽的南郭先生混在其中装样子，后来喜欢合奏的齐宣王去世，喜欢独奏的齐湣王上位，南郭先生看到混不下去了，只能逃走。成语"滥竽充数"讲的就是没有真才实学的人混在行家中间充数。

"允"的构形尚不明确。《说文·儿部》："允，信也。"学界对其本义也有两种看法：一种认为是允许、认可，另一种认为是诚信。北京故宫中和殿的一匾额书有"允执厥中"四字，出自《尚书·大禹谟》："人心惟危，道心惟微，惟精惟一，允执厥中。"据说这是尧把帝位传给舜的时候对他的告诫，"允执厥中"意思是要言行诚信，不偏不倚。"允"还可表示公平。《后汉书·虞诩传》："祖父经，为郡县狱吏，案法平允，务存宽恕。""案法"就是处理案件，"平允"就是公平。"允"还有答应的意思。韩愈《上郑尚书相公启》："不蒙察允，遽以惭归。"

可见，"充"和"允"只因字形演变导致偶然相似，并无字义上的联系。

23.“崇”和“祟”

　　“崇”和“祟”一眼看上去太像了。虽然它们上半部分有所不同，一个是“山”，一个是“出”，但因为下边的部件相似，就导致两个字的形近。想要更好地区分这两个字，就要了解一下它们的字源。

　　“崇”是形声字，从“山”，“宗”声。《说文·山部》：“崇，嵬高也。”其中“嵬”表示山高大的样子，“崇”本义是山高。引申为高。《诗经·周颂·良耜（sì）》：“其崇如墉，其比如栉。”这句诗描绘的就是粮食堆起来像城墙一样高，如梳齿一样密。后又作动词，表示重视、尊崇等。《韩非子·难三》：“君子尊贤以崇德，举善以观民。”大意是说君子通过尊重贤人来崇尚道德，通过提倡多行善事来给民众做好示范。又如《荀子·不苟》：“君子崇人之德，扬人之美，非谄谀也。”是说君子对别人的美德和优点尊崇、赞美，不是出于献媚。推崇是“崇”的常用义，如“崇洋媚外”“崇俭戒奢”“崇本抑末”等。“崇”作形容词还有兴盛的意思，《后汉书·杜笃传》中“故因为述大汉之崇”指的就是汉朝的兴盛。"崇"还常被假借为"终"字使用，《荀子·赋》："周流四海，曾不崇日。"意思是说周游四海，连一整天都用不了。有时"崇"也用作"充"，表示充满。柳宗元《送薛存义序》："柳子载肉于俎，崇酒于觞。""崇酒于觞"就是在酒器里盛满酒。

再来看"祟"字。它的甲骨文作釆，是一个会意字，从"示"，从"木"，会燃木于"示"前卜问神祇之意，引申表示鬼神为祸。"示"的原始字形很像神主牌位，所以与神灵、祭祀、问卜祸福等意义相关的汉字很多都包含"示"，如"祭""祀""祝""神""祈""祷"等。战国时期，"祟"字中的"木"发生讹变，写成类似"出"字的形体，隶变后就成了从"出"，从"示"。《说文·示部》："祟，神祸也。"指神鬼作怪，带来灾祸。由此引申指不正当、不光明的行为。成语"鬼鬼祟祟"就用来表示行动诡秘、害怕被别人发现的样子。"暗中作祟""从中作祟"指暗地里做手脚，使用不正当手段搞破坏。

上边分析了"崇"和"祟"的字形和字义，二者的区别就更清楚了。"崇"从"山"，表示高大；而"祟"从"示"，则与鬼怪带来灾祸有关。

24.“处”和“外”

　　“处”和“外”使用频率都很高，但差别很小，“处”的左边是“夊”，“外”的左边则是“夕”。为什么这么细微的笔画差别会形成两个完全不同的字呢？这就要看一看它们的字源。

　　“处”是“處”的简化字。《说文》中“处”与“處”是异体字关系。《说文·几部》：“处，止也，得几而止。从几，从夊。處，处或从虍声。”本义是暂停、停止。《孙子·军争》：“是故卷甲而趋，日夜不处。”意思是卷起盔甲逃跑，日夜不停。处暑是中国二十四节气之一，时间大约是每年的 8 月底到 9 月初，之所以称为“处暑”，是因为从这个时候开始，气温逐步下降，暑气开始停止。此时天气虽然仍比较热，但相对于盛夏的酷暑难耐，这时的炎热已经不再那么难熬了。“处”由停止引申出居住。范仲淹《岳阳楼记》：“居庙堂之高则忧其民，处江湖之远则忧其君。”这里“居”与“处”相对，都表示居住。成语“穴居野处”指原始人居住在洞穴或荒野。“处”后引申出交往义。《诗经·小雅·黄鸟》：

"此邦之人，不可与处。"现在也用"处对象"来表示谈恋爱。

后引申可表示处在、处于。王充《论衡·逢遇》："处尊居显，未必贤，遇也；位卑在下，未必愚，不遇也。"大意是说处于尊贵地位者不一定是贤能之人，地位低下者未必就愚笨，区别只在于是否受到了赏识。同样，成语"养尊处优"也表示处于尊贵地位和优越生活。"处"还引申出安排、处置义。成语"处心积虑"就表示积存心计，费尽心机；"处之泰然"则表示在处理、对待复杂情况的时候非常镇定。王安石《上仁宗皇帝言事书》："处工于官府，处农于畎亩，处商贾于肆，而处士于庠序。"大意是把工匠安排在官府工作，把农民安排在田野务农，把商人安排在市场做买卖，把士安排在学校治学。

在上述词义中，"处"都作为动词使用，读作 chǔ。当它作名词时读作 chù，表示地方、场所。陶渊明《桃花源记》："便扶向路，处处志之。"就是在每个地方做标记。辛弃疾《青玉案·元夕》："众里寻他千百度，蓦然回首，那人却在，灯火阑珊处。"大意是在人群中找了千百次，不经意间回头，才发现原来要找的人在灯火稀疏的地方。"处"作名词也可表示安排、处置，如处理事务的机关、部门等地方叫作"办事处"，学校有"教务处"等。

再来看"外"字。金文作𐫫，从"卜"，"月"声。后变为从"卜"，从"夕"。《说文·夕部》："外，远也。卜尚平旦，今夕卜，于事外矣。"本义指外面，与"内""里"相对。《周易·否》："内阴而外阳，内柔而外刚。""外"可用于指亲属关系的远近尊卑。从血缘关系说，由于女方亲属相对于男方来说疏远，故往往称女方亲属为"外"，如"外戚""外公""外婆"等。"外"还可以作动词用，表示远离、疏远。《周易·否》："内小人而外君子。"就是说如果和小人距离近，就会远离君子。这也告诫人们择友须慎重。

可见，"处"中的"卜"是"几"的变形，"外"的右边部件为"卜"，两字的构形与构意都不相同，是隶变与简化导致了它们的形似。

25. "刺" 和 "剌"

　　"刺"和"剌"太像了,非常容易认错。一旦笔画写得不够标准,两个不同的字就会混同。但二者的读音和字义都截然不同,不管念错还是写错,都容易造成误解。这两个字该如何区分呢?

　　先看看"刺"字。要弄明白它的意思,我们需要先了解一下它的部件"朿"。"朿"是"刺"的初文,是一个象形字,甲骨文作 ,像树木伸出的尖刺。《说文·朿部》解释"朿"为"木芒也","木芒"指植物种子外壳上极细的针状物。有个成语叫"如芒在背",意思是后背上好像有很多植物的针芒一样,用来表示焦虑不安。可见"朿"的本义就是树木上的针状物,后来"刺"承担了它的词义。

　　《说文·刀部》:"刺,君杀大夫曰刺。刺,直伤也。"许慎先解释了"刺"的专门用法是"君杀大夫";"直伤"则是"刺"的常用义,指用尖利的东西刺。《孟子·梁惠王上》:"是何异于刺人而杀之,曰:'非我也,兵也。'""刺"作名词,表示像针一样的东西或事物的尖端，如"鱼刺""芒刺"等。"刺"又有刺杀、行刺义。《史记·刺客列传》："中挟匕首，欲以刺襄子。"又可用于抽象义，指用尖锐的话指出别人的问题，即讽刺、讥刺。《汉书·龚遂传》："面刺王过，王至掩耳起走。"大意是龚遂当面批评昌邑王的过失错误，使得昌邑王羞愧地捂着耳朵逃走。"刺"还可以表示外界对人体感官的刺激，比如对味觉的刺激叫"刺鼻"，对听觉的刺激叫"刺耳"，对视觉的刺激叫"刺眼"。

再来看"剌"字。《说文·束部》："剌，戾也。从束，从刀。""剌"义为乖戾、违背。司马迁《报任安书》："今少卿乃教以推贤进士，无乃与仆私心剌谬乎！"说如今少卿竟然要我来推贤进士，这难道不与我自己的愿望相违背吗？"剌谬"（或作"剌缪"）即违背。又如柳宗元《上大理崔大卿应制举不敏启》："登场应对，剌缪经旨，不可以言乎学，固非特达之器也。""剌"以上意义读 là。

"剌"读 lá 时，表示将捆着的东西划开、割开。如"用剪刀把衣服剌开""手被剌破了"。

了解了"刺"和"剌"的字源和演变，就清楚了它们的构字理据与用法。"刺"的左边表示尖利的东西，不能写成"束"；"剌"左边是"束"，表示捆扎，不能写成"朿"。

26. "匆"和"勿"

"匆"和"勿"区别只在于多一笔还是少一笔。为什么这样一笔的差别就形成两个完全不同的字呢？

首先看一下"匆"字。"匆"是通用规范字，它的异体字作"悤""忩"。"悤"去掉"心"字，就成了"匆"。《说文·囱部》："悤，多遽悤悤也。"段玉裁注："从囱从心者，谓孔隙既多而心乱也。"按照许慎的说法，"悤"本义是急速、急促。《史记·龟策列传》："悤悤疾疾，通而不相择。"张籍《秋思》："复恐悤悤说不尽，行人临发又开封。"说由于时间匆忙，送信人准备离开的时候，写信人又打开信，看是不是有忘了写进去的内容。成语"行色匆匆"指出行时神色匆忙，形容时间紧迫，走得很急。

再来看一下"勿"字。它是象形字，甲骨文作𠇍，金文作𠇍。本义为切割、割断。这一意义后来造"刎"字来承担，又专指用刀割脖子。《汉书·酷吏传》："数日，使者召延年诣廷尉。闻鼓声，自刎死。""勿"从甲骨文时期就被借用为否定词，用于表示禁止、劝阻，相

59

当于现代汉语中的"不要"。《孟子·梁惠王上》："百亩之田，勿夺其时，数口之家可以无饥矣。"意思是：百亩的田地，不要错过农耕时节，这样几口人的家庭就可以免于饥饿。又如《三国志·蜀书·先主传》："勿以恶小而为之，勿以善小而不为。"意思是：不要因为坏事微小就去做，也不要因为善事不起眼就不去做。这些"勿"都表示劝阻。在现代汉语中，"勿"的禁止义也很常见，尤其是在标语中，如"请勿喧哗""请勿吸烟"等。"勿"也可以表示一般的否定，相当于"不"。如成语"格杀勿论"表示对拒捕、行凶或违反禁令的人当场打死，不再以杀人论罪。

了解了"匆"与"勿"的字源后，我们对其区别就更清楚了。

27. "囱""卤"和"囟"

　　"囱""卤"和"囟"这三个汉字就像三胞胎一样，让我们难以区分。第一个是"烟囱"的"囱"，第二个是"卤菜"的"卤"，第三个不常用，读作 xìn。这三个汉字如此相近，字源上有什么关联吗？现在来看一下。

　　"囱"今读 cōng，意为"烟囱"。在《说文》中，它是"窗"字的初文，读作 chuāng。《说文·囗部》收录的一个写法是⑩，这是古文，小篆作⊗。"囱"本义是屋顶的窗户。《说文·囱部》："囱，在墙曰牖，在屋曰囱。象形。"墙上的窗户叫"牖"，屋顶天窗叫"囱"。王充《论衡·别通》："凿窗启牖。"后来房屋构造发生变化，窗户都建造在墙上，原来房顶的窗户成了灶突，也就是烟囱。后在"囱"上加"穴"构成"窗"字来专指窗户，"囱"则专指烟囱。

　　"卤"，繁体字作"鹵"。甲骨文作⊕，金文作⊗，小篆作卤。"卤"是一个象形字，或说表示盐在容器中。《说文·卤部》："卤，西方咸地也。"指无法生长谷物的盐碱地，后又指盐。《史记·货殖列传》："山东食海盐，

61

山西食盐卤。"制盐时会剩下一种苦味汁液——盐卤。由此"卤"又泛指咸的浓汤汁。如打卤面就是浇上浓汤汁的面。"卤"还引申出动词用法，表示用咸水或酱油等来制作食品，如卤菜、卤鸡蛋、卤豆腐等。我国的卤菜种类丰富，风味多样，川味卤菜以其独特的口味成为卤菜的典型代表。

最后来看"囟"字。《说文·囟部》："囟，头会匘盖也。象形。凡囟之属皆从囟。""囟"即囟门，指婴儿头顶骨的缝隙。婴儿刚出生时囟门主要有两处：一处在头顶前部，叫"前囟"；另一处在头顶后部，叫"后囟"。通常情况下婴儿一岁到一岁半时囟门就能闭合。"囟"本义即头顶、头骨。《礼记·内则》："男角女羁。"郑玄注："夹囟曰角。"孔颖达疏："囟是头脑之上缝。"在一些方言中，也会用来指代头顶前边的部位，如河南省卫辉市称额头为"囟门头"。

上面我们分析了这三个字的来源，了解了它们的发展。"烟囱"的"囱"本来指"窗"，"卤菜"的"卤"和盐碱地有关，"囟"是未闭合的头盖骨的象形字。清楚了它们的写法和意义，在使用的时候就不容易出错了。

28. "从" 和 "丛"

　　"从" 和 "丛" 都比较简单，但初识汉字的人可能会倍感困惑，两个汉字只是少一横和多一横的差别，为什么就成了两个完全不同的字呢？它们读音相同，是不是有共同的来源？我们来了解一下这两个汉字是如何发展演变的。

　　"从" 是一个会意字。甲骨文作 𰀃，金文作 𰀃，小篆作 𰀃，字形是一人跟随另一人。《说文》中除 "从" 字外，还有 "從" 字。《说文·从部》："从，相听也。从二人。""從，随行也。" 许慎说 "从" 的本义是听从，"從" 的本义是跟随。后来二字可通用。今《通用规范汉字表》中 "從" 简化为 "从"。《论语·微子》："子路从而后。" 其中 "从" 是跟随。《左传·成公八年》："从善如流，宜哉！""从" 即听从，成语 "从善如流" 就出于此。"从" 又指参与、从事。《后汉书·班超传》："家贫，常为官佣书以供养。久劳苦，尝辍业投笔叹曰：'大丈夫无它志略，犹当效傅介子、张骞立功异域，以取封侯，安能久事笔研间乎？'" 成语 "投笔从戎" 讲述的就是班超弃文从武的故事。

"从"又引申为从属的、次要的，与"主"相对，如"从犯"。还引申出依照、按照义，如"从重惩罚""从轻发落""待遇从优"等。

"从"虚化后还能用作介词和副词。白居易《长恨歌》："春宵苦短日高起，从此君王不早朝。""从此"就是以这个时间为起点。也可以用于距离，如柳宗元《小石潭记》："从小丘西行百二十步，隔篁竹，闻水声。""从"作副词时，表示从来、向来，多用于否定词前，如"从未见过"。

再来看"丛"字。"丛"是一个简化字形，繁体字作"叢"。《说文·丵（zhuó）部》："叢，聚也。"本义是聚集，特指草木丛生。曹操《步出夏门行》："树木丛生，百草丰茂。"又为名词，如"花丛""草丛""灌木丛"等。《孟子·离娄上》："为渊驱鱼者，獭（tǎ）也；为丛驱爵者，鹯（zhān）也；为汤武驱民者，桀与纣也。"意思是：把鱼赶进深潭的是水獭，把雀赶到丛林的是鹞（yào）和鹰，而将百姓驱赶到敌国的是桀与纣。成语"丛雀渊鱼"就出于此，用以比喻不会团结众人，把原本可以团结的人赶到敌方。又如元稹《离思诗五首》其四："取次花丛懒回顾，半缘修道半缘君。"后来"丛"可泛指聚集在一起的事物，如"丛刊""论丛"等。"丛"还用作量词，如温庭筠《利州南渡》："数丛

沙草群鸥散，万顷江田一鹭飞。""数丛"对"万顷"，
这里的"丛"即作为量词使用。

分析到这里，我们就清楚了为什么"从"和"丛"
虽然只有一横之别但却是两个不同字的原因了吧。

29."大"和"太"

　　"大"和"太"都是很简单的汉字，它们的差别只有一个点。为什么这么一个点就形成两个不同的汉字呢？

　　"大"的甲骨文作↑，小篆作大，像站立的人形。《说文·大部》："大，天大，地大，人亦大。故大象人形。"在古人看来，"大"的概念很难去描绘，因此就选用人张开双臂的样子来表示。"大"义为大的，与"小"相对。《孟子·梁惠王上》："以小易大，彼恶知之？"引申可为动词，以为大。《公羊传·隐公元年》："何言乎王正月？大一统也。"又用为状语，表示范围或程度。《尚书·甘誓》："大战于甘。"《庄子·天地》："大惑者，终身不解；大愚者，终身不灵。"

　　"大"还可以读为 dài，比如"大（dài）城"是一个县名，在今河北省。"大（dài）黄"是一种多年生草本植物。此外，"大夫""大王"等词中的"大"既可以读作 dà，也可以读作 dài。"大（dài）夫"表示医生，"大（dà）夫"是古代的官职；"大（dài）王"是旧时戏曲中对强盗首领的称呼，"大（dà）王"用于对国君等的尊称。

再来看"太"字。古文字中"大"和"太"本为一字，还没有分化。后来为了表义明确，在"大"字上加一点形成"太"字。不过《说文》中"太"是"泰"的重文，在"水"部。"太"义为极大，引申为极、最。《荀子·正论》："太古薄葬，棺厚三寸。""太古"即远古。又如《韩非子·说疑》："是故禁奸之法，太上禁其心，其次禁其言，其次禁其事。"用于辈分、身份等，表示更高的。如《史记·高祖本纪》："高祖五日一朝太公。"这里"高祖"指刘邦，"太公"指的是刘邦的父亲。

"太"作副词，表示过分义。杜甫《新婚别》："暮婚晨告别，无乃太匆忙！"

了解字源后就明白"大"和"太"的不同了。不过先秦时期，两个字也通用，如《左传·庄公二十八年》："使大子居曲沃。""大子"即"太子"。

30.“代”和“伐”

“代”和“伐”的差别在于后者多了一撇，这两个字的部首相同，都是“人”部。为什么“代”的右边比“伐”少了一撇就成了另外一个字呢？我们来看看这两个字的来源。

《说文·人部》：“代，更也。从人，弋声。”本义是更替、替代。《庄子·逍遥游》：“庖人虽不治庖，尸祝不越樽俎而代之矣。”又如《国语·晋语》：“吾岂将徒杀之？吾将以公子重耳代之。”“代”引申出朝代义。如《论语·八佾》：“周监于二代。”“二代”指夏和商。又引申为世代、后代。张若虚《春江花月夜》：“人生代代无穷已，江月年年望相似。”唐人因为避唐太宗讳，改“世”为“代”。又如杜甫《寄薛三郎中璩》：“乃知盖代手，才力老益神。”“盖代”即“盖世”。

再来看“伐”字。“伐”是一个会意字，甲骨文作，左边是一个人，右边是“戈”，表示用戈砍杀人。小篆作，“人”和“戈”分开了。《说文·人部》：“伐，击也。从人持戈。一曰：败也。”许慎说“伐”就是打击、

攻伐。《左传·僖公五年》："晋侯复假道于虞以伐虢（guó）。""伐"又有砍伐义。《诗经·召南·甘棠》："蔽芾甘棠，勿翦勿伐。"

"伐"还有夸耀自己的意思。《论语·公冶长》："愿无伐善，无施劳。"意思就是我愿意不夸耀自己的优点，不宣扬自己的功劳。引申为功劳。《左传·庄公二十八年》："且旌君伐。""君伐"指君主的功劳、功绩。

可见，"代"是形声字，义为更替、替代；而"伐"是会意字，本为以戈砍杀人头，引申为攻伐、砍伐等。区别两个字的关键是"代"中"弋"表音，而"伐"中"戈"表意。

31. "岱"和"岳"

　　很多形近字的区别主要体现在笔画增减或部件异同，比如"岱"和"岳"就是下边的部件相同，上边的部件不同。两个字的部首都是"山"，它们有什么不同呢？

　　先来看"岱"字。《说文·山部》："岱，太山也。从山，代声。""太山"就是"泰山"，"岱"即泰山。泰山因其独特的地位而被赋予了多个名字，如"岱宗""岱岳""太山"等。杜甫《望岳》："岱宗夫如何？齐鲁青未了。"意思是：泰山的景色怎么样呢？即使走出齐鲁大地，依然可见那青翠的峰顶。薛瑄《泰安州重寄李太亨》："去年岱麓题诗寄，岱麓逢人又寄诗。"讲的是在泰山脚下题诗寄人。成语"海岱清士"指天下清廉之士，"海岱"是说山东渤海到泰山之间的地方。

　　再来看"岳"字。《说文》篆文作 🅱，古文作 🅰。《说文·山部》："岳，东岱、南霍、西华、北恒、中泰室，王者之所以巡狩所至。"这里列出的五岳即五大名山：东岳泰山、西岳华山、中岳嵩山、南岳衡山、北岳恒山。五岳作为高大山峰的代表，特色各异，不仅有壮丽风光，更有着深厚的文化沉淀。历史上不少文人墨客都著有关于五岳的精彩诗篇。如赞美泰山的有杜甫名篇《望岳》、元好问《登岱》等。写华山的有孙一元的《梦游华山》"我往采三秀，骑龙莲花峰"等。写嵩山的有王维《归嵩山作》"迢递嵩高下，归来且闭关"等。诗人多通过描写五岳的景致来表达自己的心境。如李白《庐山谣寄卢侍御虚舟》："五岳寻仙不辞远，一生好入名山游。"他的《江上吟》："兴酣落笔摇五岳，诗成笑傲凌沧洲。"用动摇五岳的气势落笔，所成诗作能够跨越沧海，诗人的豪放与不羁透过五岳这一意象展现得淋漓尽致。

"岳"可泛指高山。杜甫《赠卫八处士》："明日隔山岳，世事两茫茫。"意思是：明天分别之后就会隔着重重高山，世事茫茫令人生愁。又如文天祥《正气歌》："下则为河岳，上则为日星。"

"岳"在现代汉语中除了作姓氏，还常见于"岳父""岳母"。"岳"为什么会有这一用法呢？对此说法不一。《辞源》（第三版）："旧说有二。一说，晋乐广为卫玠妻父，岳丈为乐丈之讹。又说，泰山有丈人峰，妻父称丈人，又叫泰山，再转为岳丈。"大意是说：一为"乐丈"的讹传，一为泰山有丈人峰，而称妻子的父亲为"丈人"，故又称其为"岳丈""岳父"。

32. "担"和"坦"

　　"担"和"坦"形体相似,第一个是"承担"的"担",第二个是"坦白"的"坦"。两个字如此相似,如何来区别呢?

　　先说说"担"字。《说文》中没有"担"字,其义可用"儋""负""任""荷"等字来表示。《说文·人部》:"儋,何也。"段玉裁注:"儋,俗作担。韦昭《齐语》注曰:'背曰负,肩曰儋;任,抱也;何,揭也。'按,统言之,则以肩、以手、以背、以首,皆得云儋也。"中古以后,"儋"变成了"擔",从"人"变成了从"手"。"擔"又变成"担",字形进一步简化了。

　　现在"担"字有两个读音。一个读 dān,作动词,表示负担、承担、担当等义。另一个读为 dàn,作名词,如"扁担""重担"。读 dàn 时,还可作量词,为市制重量单位,古时一百斤是一担。作量词的另一个意思是成提的东西,如"一担水""两担柴"等。

　　再来看"坦"字。《说文·土部》:"坦,安也。从土,旦声。"本义是平、平展。《周易·履》:"履道坦坦。"又如"坦途"指平展的路途。"坦"又引申指直率、开朗。《论语·述而》:"君子坦荡荡,小人长戚戚。"意思是君子心胸开阔,直率自然。

　　从字形演变来看,"担"比"坦"要复杂一些,经历了几个字的替代更迭,"坦"的字形相对简单。两个字的读音和形体相近主要在于声旁都是"旦";区别则是意符,一个从"手",一个从"土"。

33. "刀""力"和"刃"

"刀""力""刃"三个字虽然字形简单，但很相近。"刀"和"力"的区别在于撇的长度，"刀"和"刃"的不同则在于左边是否有一点。区别虽小，但全然不同。如何区分这三个字呢？

"刀"，甲骨文作 𝄎，像一把刀。《说文·刀部》："刀，兵也。""兵"指的是兵器，"刀"本义就是一种兵器。卢纶《塞下曲》："欲将轻骑逐，大雪满弓刀。"意思是：将军准备率领骑兵一路追杀敌人，完全顾不上漫天大雪已经覆盖了弓箭和战刀。我国古代兵器种类十分丰富，刀是最重要的兵器之一。明代兵书《纪效新书》记载了腰刀、长刀、飞刀、偃月刀等多种刀类兵器。

"刀"也泛指有切、割、削、砍等功用的器具。《庄子·养生主》："良庖岁更刀，割也。"这里指厨具用刀。蒲松龄《聊斋志异·狼》："屠乃奔倚其下，弛担持刀。"这里指屠刀。此外，"刀"还指先秦时期一种像刀的金属铸币。

"刀"是个部首字，但在楷书中，"刀"位于右边时多写为"刂"，如"别""刊""划"等。

再来看"力"字。它跟"刀"相比，只是一撇更长。《说文·力部》："力，筋也。象人筋之形。"依许慎的说法，"力"为筋，这并非原始造字意图。甲骨文作 ↙，金文作 ↓，形状都像古时耕地用的一种农具——耒，其造字意图是用耒耕田。用耒必须用力，因此用来指代体力、力气。《孟子·梁惠王上》："吾力足以举百钧，而不足以举一羽。"又可泛指一般的能力，如《左传·隐公十一年》："度德而处之，量力而行之。"意思就是要根据自己的能力去做事。

"力"作为语素，构词能力很强。如政治上的能力叫"权力"，物质方面的能力叫"财力"，军事方面的能力叫"武力"，令人畏惧的能力叫"威力"，坚定持久的能力叫"毅力"等。

"力"是一个部首字，以它为部首构成的汉字多与力量有关，如"动""劲""勤"等。

最后来看"刃"字。《说文·刃部》："刃，刀坚也，象刀有刃之形。""刃"是指事字，造字意图是刀枪等器具锋利的部分。《孟子·梁惠王上》："填然鼓之，兵刃既接。"后"刃"可泛指兵器。如《淮南子·氾论训》："铸金而为刃。"意思是冶炼金属做成兵器。成语"坚甲利刃"指的是坚硬的铠甲和锋利的兵器。"刃"还可用为动词，意思是用刀杀。《史记·廉颇蔺相如列传》："左右欲刃相如。"指秦王身边的侍从想用刀杀掉蔺相如。

　　分析到这里，我们就能知道为什么这三个字写法上差别这么小，意义和用法却完全不同了。

34.“叨”和“叨”

　　“叨”和“叨”左边都是“口”，右边的写法也很相似，“叨”是撇，“叨”是竖。如果写字的时候不留心，把“叨”右边的撇写成了竖，或者把“叨”右边的竖写成了撇，就完全混淆了。它们为什么这么相似但又完全不同呢？这需要看一看它们的字源。

　　“叨”在现代汉语中有两个读音：常见的读 dāo，表示话很多，比如我们常说的“唠叨”；另一个读音是 tāo，作谦辞，比如在接受别人的款待后会说“多有叨扰”。在古代汉语中，它只有一个发音，读作 tāo，是“饕”的异体字。《说文·食部》：“饕，贪也。从食，号声。叨，饕或从口，刀声。”“饕”的本义是贪婪，成语“饕口馋舌”意思是非常贪吃。《吕氏春秋·先识览》：“周鼎著饕餮，有首无身，食人未咽，害及其身，以言报更也。”这个名为“饕餮”的怪物被刻在青铜器上，只有头没有身子，是传说中非常贪吃的猛兽。这种花纹也被称为“饕餮纹”。

　　典籍中“饕”或作“叨”，表示贪婪。《庄子·渔父》："好经大事，变更易常，以挂功名，谓之叨。"大概是说：热衷于掌管大事，改变日常规范，并以此邀功挂名，这就是贪婪。"叨"用为谦辞，可以说"叨陪""叨扰"。王勃《滕王阁序》："他日趋庭，叨陪鲤对。"意思是说：过些日子，我就回到父亲身边，恭敬地走到庭前，就像孔鲤那样，接受父亲的教诲。"鲤对"的典故出自《论语·季氏》中陈亢与孔鲤的对话。孔鲤告诉陈亢，自己在穿过庭院时被父亲孔子教导要学诗、学礼。

再来看"叩"字。它在《说文·攴（pū）部》中作"敂"，本义是敲打。《论语·宪问》："以杖叩其胫。"意思是用手杖敲打小腿。陆游《游山西村》有"拄杖无时夜叩门"一句，"叩门"就是敲门。《列子·汤问》："（愚公）遂率子孙荷担者三夫，叩石垦壤，箕畚运于渤海之尾。"讲的是愚公带领家人凿石挖土之事，"叩石"即凿石。"叩"也可以指磕头、跪拜，如《史记·滑稽列传》："皆叩头，叩头且破，额血流地，色如死灰。"

《说文》有"扣"字，从"手"，"口"声，义为"牵马也"。"扣马"也作"叩马"，即拉住马头。《史记·伯夷列传》："伯夷、叔齐叩马而谏。"

可见，区别"叨"与"叩"的关键是要弄清两字中"口"的作用是不一样的，"叨"中的"口"是表意的，而"叩"中的"口"是声符。

35. "导"和"异"

　　"导"和"异"这两个字的上半部分完全相同，区别在于下边。"导致"的"导"下边是"寸"，"差异"的"异"下边是"廾"。它们上半部分部件相同，是不是字源上也有什么联系呢？

　　"导"，繁体字作"導"。《说文·寸部》："导，导引也。"本义是引路。早期只有"道"字，表示名词"道路"和动词"引导"。《论语·为政》："道之以德，齐之以礼，有耻且格。"意思是：用道德引导百姓，用礼制去同化他们，百姓不仅会有羞耻之心，而且会有归服之心。后在"道"下加"寸"构成"導"字，专指引导，又简化为"导"，而"道"则主要用作名词。"导"可以泛指引导、带领。比如带领旅游的人叫"导游"，引导学习的人叫"导师"，指导表演的人是"导演"，有引导作用的报刊称为"导报"等。

　　"导"又指疏通河道。《国语·周语上》："是故为川者决之使导。"后又引申有启发、开导义。《玉篇·寸部》："导，教也。"成语"因势利导"出自司马迁《史记·孙子吴起列传》："善战者因其势而利导之。"表示顺应事物的发展趋势向有利的方向加以引导。

在现代物理学中，"导"表示能量的传递，如"传导""导热""导电""半导体"等。

再来看"异"字。表示不同的"异"，古代一般写作"異"。《说文·異部》："異，分也。"甲骨文作𢌜，像以手扶持头上的东西。不少学者认为它是"戴"的初文。后来"異"和"戴"分化为不同的词。"異"的本义为分开、区分，今规范为"异"。《史记·商君列传》："民有二男以上不分异者，倍其赋。"引申出有区别的，如成语"大同小异"。《庄子·天下》："大同而与小同异，此之谓小同异；万物毕同毕异，此之谓大同异。""异曲同工"则表示曲调不同但都很美妙，用来比喻文章或言论不同但同样精彩。"异乎寻常"表示与平常的不一样。"异"又可作动词，表示对某事物感到惊奇。陶渊明《桃花源记》："渔人甚异之，复前行，欲穷其林。"这里的"异"就是对所见感到惊讶。

"异"还可以表示别的、其他的。王维《九月九日忆山东兄弟》："独在异乡为异客，每逢佳节倍思亲。""异乡"即"他乡"。

可见，"导"的繁体字和"异"差异很大，不易相混。因此，在辨析的时候从繁体字入手，可以帮助我们更好地理解字义。

36. "氐"和"氏"

　　"氐"和"氏"的差异只是下边那一点的有无。如果不留心,这两个字就会混淆。为什么仅仅一个点的差异就形成两个完全不同的字呢?

　　首先看一下"氐"字。这个字有两个读音。"氐"读 dǐ 时,从"氏"字分化而来。《说文·氐部》:"氐,至也。从氏下箸一。一,地也。""氐"本义为根柢、根本。《诗经·小雅·节南山》:"尹氏大师,维周之氐。"大意是:太史尹氏大人,您是大周王室的根本。这个意义后来用"柢"来表示。"氐"又表示星宿名,为二十八星宿之一。《吕氏春秋·有始览》:"中央曰钧天,其星角、亢、氐。"

　　"氐"还指我国古代西北地区的一个民族,读作 dī。氐族在东晋时期曾建立前秦、后凉等政权。

　　再来看"氏"字。甲骨文作イ,其造字意图和本义不明。常用义为姓氏。《左传·隐公八年》:"天子建德,因生以赐姓,胙(zuò)之土而命之氏。"上古时期,我国的姓和氏是分开的,姓是族号,氏则是同姓贵族的不同分支。上古可以用受封地之名为氏，也可以用居住地为氏，还可以用官名或祖先的谥号为氏。姓和氏合流大约始于战国，汉代已统称为"姓"。今所谓"姓氏"都专指姓。

"氏"还指已婚女性。《左传·隐公元年》："庄公寤（wù）生，惊姜氏。"这种用法后代一直沿用，近代有在已婚女性的父姓前边再加其丈夫的姓称呼其人的习俗，如"张王氏"，就是其丈夫姓张，其父亲姓王。"氏"还可以用于称呼帝王贵族，如"神农氏""伏羲氏"等。对学有专长的学者也可尊称为"氏"，如相传左丘明为《春秋》作传，其书为《春秋左氏传》。

此外，"氏"还读 zhī，"月氏"（Yuèzhī）是汉代西域的一个国名。

今"氐"主要作声旁，用于"柢""抵""底"等字中，而"氏"主要用作姓氏义。

37. "儿"和"几"

　　"儿"和"几"的区别只在于有无一个短横。它们差别虽小，但实际上两个字的形义没有任何关联。

　　"儿"，甲骨文作💩，金文作，都像一个大脑袋的人形。小篆作。楷书繁体作"兒"，简化为"儿"。这个简化字就与《说文》部首"儿"（rén）成为同形字。《说文·儿（rén）部》说"儿"（rén）是"人"的特殊写法，是一个古文奇字。"儿"（rén）部下有五个属字，即"兀""兒""允""兑""充"。《说文·儿（rén）部》："兒，孺子也。从儿（rén），象小兒头囟未合。""兒"就是刚出生的小孩儿，头盖骨尚未长合，今简化作"儿"。《老子》第二十章："如婴儿之未孩。"这里"婴"与"儿"连用，都指幼儿，句意是如同幼儿还不会笑的时候。"儿"与"童"也可连用为"儿童"。贺知章《回乡偶书二首》其一："儿童相见不相识，笑问客从何处来。""儿"引申可泛指孩子，不限性别。《孔雀东南飞》："兰芝惭阿母，儿实无罪过。"这里"儿"是女儿刘兰芝的自称。辛弃疾《清平乐·村居》："大儿锄豆溪东，中儿正织鸡笼。最喜小儿亡赖，溪头卧剥莲蓬。"其中"儿"则指儿子。这几句描述了一家三个儿子的生活场景，展示了美好的农家生活。

"儿"还虚化为后缀，多用于名词之后，如杜甫《水槛遣心二首》其一："细雨鱼儿出，微风燕子斜。"李清照《声声慢》："守着窗儿，独自怎生得黑！"现代北京话中，后缀"儿"与前边的音节连在一起，成为汉语中的儿化现象，发音时要在韵母的后边加上卷舌动作。

再来看"几"字。现代汉语中"几"有两个读音：一个是"茶几"的"几"，读为 jī；一个是询问数量的"几"，读为 jǐ。这两个读音本代表两个不同的汉字。

茶几的"几"字，小篆写法为几。《说文·几部》："几，踞几也。象形。"几是一种短而小的桌子，可以倚靠或坐卧。《尚书·顾命》："凭玉几。"根据《周礼·春官·司几筵》记载，上古有玉几、雕几、彤几、漆几、素几等。后来几的使用功能扩大，除了倚靠或坐卧，还可以放置东西。"窗明几净"中的"几"指的就是这种小桌子。

询问数量的"几"本作"幾"。简化后，"幾"写为"几"。本义为细微的东西或者迹象，引申指先兆、预兆。如《周易·系辞下》："君子见几而作，不俟终日。"此义后用"机"字来表示。"几"用作副词，表示几乎、将近。贾谊《论积贮疏》："汉之为汉，几四十年矣。""几"可以用来询问数目、数量。如王翰《凉州词二首》其一:"醉卧沙场君莫笑,古来征战几人回?"又如曹操《短歌行》:"对酒当歌,人生几何?"诗人感叹:人生在世的时间能有多少呢?

38. "方"和"万"

　　"方"和"万"的区别只在于多一点或少一点。这两个字看上去很像，它们的区别在哪里呢？

　　先来看"方"字。甲骨文作↑，金文作方。《说文·方部》："方，并船也。象两舟省总头形。"许慎说"方"的造字意图是并列的两条船。但徐中舒在《甲骨文字典》中指出："（方）象耒之形，上短横象柄首横木，下长横即足所蹈履处，旁两短划或即饰文。""耒"是古时人们耕地的一种农具，徐中舒说"方"即耒形。学界不少人也认可这种说法。文献中"方"的常用义是方形。《孟子·离娄上》："离娄之明，公输子之巧，不以规矩，不能成方圆。"朱熹《观书有感》："半亩方塘一鉴开，天光云影共徘徊。"其中"方塘"指方形池塘。"方"可引申表示面积，如《列子·汤问》："太行、王屋二山，方七百里。"

　　"方"还指为人正直。《老子》第五十八章："是以圣人方而不割。"表示圣人为人方正且不会伤害别人。"方"还表示方位，这也是它的常见用法。"八方"是

86

东、南、西、北、东北、东南、西北、西南等八个方向的总称，常用来泛指各方。如"四面八方"泛指各个方向。由方向的意思引申为途径、方法，"教导有方"意思是教育引导很有办法。

"方"虚化为副词，表示正好、正当。《诗经·邶风·简兮》："简兮简兮，方将万舞。"又如李商隐《无题》："春蚕到死丝方尽，蜡炬成灰泪始干。"

再来看"万"字。繁体字作"萬"，甲骨文作🜲，像一只蝎子。为什么表达数目的"万"最初写成这样呢？《说文·内部》："萬，虫也。""萬"是一种蝎子，用它来表示数目是一种假借用法。

"万"又极言其多。《诗经·大雅·崧高》："揉此万邦，闻于四国。"今常说"万紫千红""万象更新"等。《诗经》中有"万年""万寿"，等于说"万岁""长寿"，用于祝祷之辞。《诗经·豳风·七月》："称彼兕觥，万寿无疆。"

此外，"万万"作副词表示绝对、无论如何，多用于否定形式，如"万万不可"表示一定不可以。

可见，"方"与"萬"完全没有相似性，是"萬"简化为"万"后，才导致了"方"与"万"的形近。

39. "非"和"韭"

从楷书字形看，"韭"字的上面就是"非"字，两个字的区别在于有无下边那一横。"韭"上边的部件是汉字"非"吗？两个字在意义上有没有什么联系呢？

"非"，甲骨文作乍，金文作兆，小篆作荓。《说文·非部》："非，违也。从飞下翅，取其相背。"说"非"字是从"飞（飛）"字下面的翅膀变化而来，就像两个翅膀分别相对的样子。"非"的本义表示相违。《论语·颜渊》："非礼勿视，非礼勿听，非礼勿言，非礼勿动。"意思是：不符合礼教的东西不能看，不能听，不能说，也不能做。与正确相背就是错误，所以"非"引申为错误的，与"是"相对。陶渊明《归去来兮辞》："实迷途其未远，觉今是而昨非。""明辨是非"表示要分清楚正确的和错误的。后"非"又引申出虚词用法，用于判断句中，表示否定，相当于"不是"。《孟子·公孙丑下》："城非不高也，池非不深也，兵革非不坚利也。"这里的"非"都表否定判断。

现代汉语中"非"又虚化为否定前缀，如"非转基因""非金属"等。同时，"非"还有一个常见用法，就是与"不"连用：非……不……。两个否定词构成双重否定，表达肯定的意思。

"韭"是一个象形字，小篆作韭，像韭菜在地上生长的样子。《说文·韭部》："韭，菜名。一种而久者，故谓之韭。象形，在一之上。一，地也。""一"表示地面，上面是韭菜。《诗经·豳风·七月》："四之日其蚤，献羔祭韭。"说四月里献上羔羊和韭菜来祭拜祖先。杜甫《赠卫八处士》："夜雨剪春韭，新炊间黄粱。"意为雨夜里割下春韭，细长柔嫩，刚烧好的黄粱掺米饭喷喷香。韭菜的叶子和花都可以作为蔬菜烹饪。韭菜的花被称作"韭花"，通常作为菜肴的佐料。

可见"非"和"韭"的造字理据完全不同。"非"是分开的翅膀，"韭"是地面上的植物。了解了它们的差异，就容易把它们区别开来了。

40. "丰""王""玉"和"主"

"丰""王""玉""主"这四个字在字形上的差别都比较小，如"丰"和"王"，区别是中间一个竖笔是否贯穿三个横笔；"王"和"玉"，区别只在于有无那一个点；而"玉"和"主"，差别则是那一个点的位置不同。它们的字形这么相似，却又是完全不同的四个字。

先说"丰"字。《说文·生部》："丰，艸盛丰丰也。从生，上下达也。"许慎说"丰"的本义是草木茂盛。引申指丰满。《诗经·郑风·丰》："子之丰兮，俟我乎巷兮。"今《通用规范汉字表》中"丰"还是"豐"的简化字。不过两个字本不同，古音、古义都有别。"丰"一般用于形容容貌和神态；而"豐"则可形容各种事物，同时表示事物繁多。

再来看"王"字。甲骨文作 𐆖，金文作 王。学者多认为这是"钺"（yuè）的象形，古代"钺"象征着王权。《说文·王部》："王，天下所归往也。"许慎的这种解释源自儒家思想，王权至上也是汉代的统治思想。"王"本义指君王，他们是最高统治者，拥有至高无上的权力，全天下都要归附于他们。《诗经·小雅·北山》："溥天之下，莫非王土。"意思是说普天之下的土地都归王所有。后引申为某一族或某一类的首领，如"蜂王""百兽之王"等。

但为什么不少看似以"王"为偏旁的汉字都与君王、首领的意思无关呢？如女生名字里常见的"琦""琼""琳""璐""瑶"等。这些字里边的"王"是什么意思呢？这就需要看一看"玉"字的来源了。

"玉"，甲骨文作 丰，像用一根绳子串起几片玉石。《说文·玉部》："象三玉之连。丨（gǔn），其贯也。"它的本义为玉石。《诗经·秦风·小戎》："言念君子，温其如玉。"意思是说：君子宽容平易，温和谦逊，具有玉石一样的品质。古人将玉视为美好事物的象征，常用它来形容美好的、珍贵的事物。西周时期，"玉"的金文作 王，这种写法与"王"很接近。小篆中 王（王）与 王（玉）也极为相似，区别只在于"王"字中间的横靠近上边的横，而"玉"字中间的横则与上下两横的距离相同。这么小的差别很容易造成混淆，为了区别，就给"玉"字加了一个点。以"玉"为构件的字不少，隶变后"玉"旁写成"王"（斜玉旁），如"璨"表示玉石的光泽，"玲"表示玉石的声音等。上文提到的不少女性名字中的"琦""琼""璐""琳"等字，意思也都与美玉有关。

最后再看"主"字。《说文·丶部》："主，灯中火主也。"小篆作𐀀，上面像一个燃烧着的火苗，下边则像一个灯座。"主"本义为灯芯火炷。此义后作"炷"，而"主"则用于引申义。

"主"常用义为主人。《尚书·多方》："天惟时求民主。""民主"指人民的君主。又可指供奉死去的君主、诸侯或先人的牌位——神主。《史记·周本纪》："为文王木主，载以车。"又作动词，表示主持、主管。《孟子·万章上》："使之主事而事治。"

看了这四个字的形体来源和意义后，也就容易将它们分开了。

41. "风"和"凤"

"风"和"凤"非常容易弄错，它们的不同在于里边的部件是"乂"还是"又"，而"乂"和"又"的差别只是有无上边那个短横。写字的时候，稍不注意就会出错。它们的发音和写法为什么这么相近？这要从它们的字源谈起。

"风"的繁体字作"風"，"凤"的繁体字作"鳳"。最早"风"的意思曾借用"凤"字来表示。刮风这个自然现象虽然十分常见，但由于它太抽象，难以造字，就假借同音字"凤"来表示"风"。《说文·风部》："风动虫生，故虫八日而化。从虫，凡声。"许慎认为"风动虫生"，风吹之后，虫子就出来了。《诗经·大雅·烝民》："吉甫作诵，穆如清风。"

作为一种自然现象，风带给人很多不同的体验和感受。如河海的"风平浪静""乘风破浪"，陆地的"风和日丽""金风玉露"，天空的"风卷残云""风起云涌"等。在诗词里，"山雨欲来风满楼"让人从山雨欲来的呼啸之风中体会到重大事件发生前的紧张感，"春风得意马蹄疾"让人从满是长安花香的暖暖春风里感受到诗人金榜题名后的喜悦。由于风的速度很快，所以"风"可以表示快速、急速等，如"风驰电掣""雷厉风行""风风火火"。"风"又指风气、风俗等。《礼记·乐记》："乐也者，圣人之所乐也，而可以善民心，其感人深，其移风易俗。"由此又引申出消息义，如"闻风而动"表示一听到消息就立即开始行动。此外，"风"还可以指民谣、歌谣。《诗经》中有"十五国风"，指的是西周时期十五个地区的民歌。今天说的"采风"就是指采集特定地方的民俗民风。

再来看"凤"。甲骨文作 ，是头上有冠的一只大鸟，形似孔雀。《说文·鸟部》："凤，神鸟也。"《诗经·大雅·卷阿》："凤凰于飞，翙（huì）翙其羽。"古时"凤"被视作神鸟，雄为凤，雌为凰，古人以之为百鸟之王。"凤凰"也用来表示祥瑞，如"凤凰来仪"表示吉祥。"凤凰"最初写为"凤皇"，后来给"皇"也加上一个外框，写成"凰"。

"凤"形象华丽，古往今来都被赋予了美好的寓意，是祥瑞的象征，今常用于女性的名字。

可见，"风"与"凤"的繁体字差异很大，是简化导致了它们的形近。

42.“巿”和“市”

　　“巿”和“市”是两个非常相似的字，但两个字却不能混淆。比如“心肺”的“肺”右边不能写作“市”，而“热闹”的“闹”里面也不能写成“巿”。那么，“巿”和“市”有什么区别呢？

　　先说“巿”字。今天楷书“巿”有两个来源。一个作宋，读 pò。小篆作宋，《说文·宋部》：“宋，艸木盛宋宋然。象形，八声。”意思是草叶茂盛舒展开放。这个字后来加了一个草字头，写作“芾”，有 fèi、fú 两个读音。《诗经·召南·甘棠》：“蔽芾甘棠，勿翦勿伐。”其中“芾”读 fèi。“芾”读 fú 是被借用，通“韍”。《诗经·曹风·候人》：“彼其之子，三百赤芾。”意思是说：曹国的国君亲近小人，在他的朝中佩赤芾的官员有三百人。

　　用“宋”作声符的字大都读 fèi 或 pèi，而且都有盛、多之义。比如“沛”读 pèi，有“大”的意思，今天常说一个人精力旺盛叫“精力充沛”。而“心肺”的“肺”用“巿”作声旁，也是因为肺充气之后形体

95

膨大。

楷书"市"的另一个来源读 fú，小篆作市。《说文·市部》说："市，韠（bì）也。上古衣蔽前而已，市以象之。"表示古代官服外的蔽膝，所以从巾，巾上的一横表示腰带。这个字也写作"绂""韨"等。"市"应该算是今天腰围裙的前身。这个意思也借用"芾"字。所以，对楷书中的"芾"字，应该从意义上辨别一下它是以上所说的两个来源中的哪一个。

下面再来看"市"的来源。"集市"的"市"，小篆作市，《说文·冂部》："市，买卖所之也。"意思是说"市"是买卖东西的场所。古人赶集跟今天的乡村集市相似，大概就是在一片空地上，人们肩扛手提，摆上地摊，没有固定的店铺。不过古人一般是日中为市，太阳当头才开市。根据考古发掘，大概在四五千年前的城市遗址中就有了这种市井。后来在临街的房子开一道门，在屋里做买卖，也叫"市"，名为"门市"。不仅做买卖的地方叫"市"，做买卖本身也叫"市"。每天的第一笔生意叫"开市"，停止做生意叫"收市"。古人城中都有市，所以城和市结合起来称作"城市"，又简称"市"。

汉字中以"市"为偏旁的常用字只有两个：一个是"柿"，一个是"闹"。"柿"字是"柹"字的俗写。《说文·木部》："柹，赤实果。"小篆作柹，隶变后俗字作"柿"。"闹"字繁体作"鬧"，意思是不安静。古代本无"闹"字,"闹"字是从"皕"(jí)、"呶"(náo)发展而来的。《说文·皕部》:"皕,众口也。读若戢(jí),又读若呶。""皕"是许多人说话的意思,也就是喧闹。《说文》说"呶"的意思是喧哗、喧闹。"皕"是会意字,"呶"是形声字,而"闹"又变成新的会意字,用集市上的争斗打闹来表示喧闹不静的意思。

注意:"闹"字外面其实不是"门",而是打斗义的"鬥","鬥"简化后作"斗"。"鬥",甲骨文作,像两个人博斗之形。"闹"字从"市",从"鬥",表示在集市上买卖双方互相争吵,争吵也就是喧闹。

43. "副"和"幅"

　　"副"和"幅"在使用时容易混淆。比如是"一副手套"还是"一幅手套"？是"一副字"还是"一幅字"？为了更好地掌握这两个字的用法，我们来追溯一下它们的来源。

　　先来看"副"字。《说文·刀部》："副，判也。"本义是剖开、裂开。《诗经·大雅·生民》："不坼（chè）不副（pì），无菑（灾）无害。"大意是胎儿出生很顺利，胞衣没有破裂。

　　"副"（pì）本指事物分开、裂开变成两部分，由此引申出相称、相配义，读fù。《后汉书·黄琼传》："盛名之下，其实难副。"这就是成语"名不副实"的由来。它常用来表示徒有虚名，也可以写作"名不符实"。后有量词用法，"一副"即指两个相配成为一组。现代汉语中两个为一套的都可以用"副"作量词，如"一副手套""一副眼镜""一副耳环"等。"副"作量词又有套义，如成语"全副武装"指全套装备。

　　"副"引申表示辅助的、居于第二位的。《汉书·苏武传》："虞常在汉时，素与副张胜相知。""副"表示副职，区别于正职或者主职。现代也常用于职务或职位前，如"副主任""副教授""副经理"等。当居于第二位的含义用于其他非指人的名词前时，表示次要的、附带的，如"副食品""副产品""副歌""副业"等。

再来看"幅"字。《说文·巾部》："幅，布帛广也。""幅"指布帛的宽度。《左传·襄公二十八年》："且夫富，如布帛之有幅焉。"今有"幅面"一词。又泛指长度与宽度。如"尺幅千里"意思是一尺长的画幅上画出了千里的风光景物。又如文章的长度叫"篇幅"，震动的范围叫"振幅"，事物变动的范围叫"幅度"，领土的面积叫"幅员"等。

了解了两个字的来源后，就清楚了：表示成双成对的量词应该使用本义为分开、裂开的"副"字，表示画作、书法作品等的量词应该使用本义表示布帛宽度的"幅"字。

44."丏"和"丐"

"丏"和"丐"两个字，不仅难辨认，也难书写。两个字的相似程度极高，不小心的话就容易相混。这两个字有何不同呢？

先来看"丐"字。"丐"在古代是"匄""匃"的俗体字，现在是通用规范字。《说文·亡部》："匃，气也。"这里"气"即"乞"，表示乞求。"匃"在文献中常作"丐"。《史记·外戚世家》："丐沐沐我，请食饭我。"大意是说：乞求一些米汁来洗发，要一些饭食来果腹。又如蒲松龄《聊斋志异·乐仲》："有童子方八九岁，丐食肆中，貌不类乞儿。"说有个大约八九岁的小孩儿在店铺中乞求食物，但看样子又不像是个乞丐。"丐"作名词即乞丐。如"九儒十丐"，不是说九个儒士，十个乞丐，而是说第九等为儒士，第十等是乞丐。这里说的是元朝统治者把人分成十个等级的社会现象。读书人被列为第九等，仅仅高于末等的乞丐。成语"豕食丐衣"指吃猪狗的食物，穿乞丐的衣服，比喻极其贫困。语出唐甄《潜书·考功》："观其境内，冻饿僵死犹昔也，豕食丏衣犹昔也。"

再来看"丏"字。"丏"读作 miǎn，小篆作丏。《说文·丏部》："丏，不见也。象壅蔽之形。"许慎说"丏"的本义就是遮蔽、看不见。不过这一意义未见用例。"丏"字虽不常用，但可作为声旁构字。如"沔"（miǎn）见于春秋时代石鼓文中，《说文·水部》："沔，水。出武都沮县东狼谷，东南入江。""沔"是河流名字，河畔有沔县，也称"沔阳县"，诸葛亮之墓所在地——定军山就位于此。陆游《游诸葛武侯书台》："沔阳道中草离离，卧龙往矣空遗祠。"后"沔县"改为"勉县"，今属陕西省汉中市。

以"丏"为偏旁的字还有一个比较常见的是"眄"（miǎn），意思是斜着眼睛看。王勃《滕王阁序》："穷睇眄于中天，极娱游于暇日。""睇眄"就是注视、顾盼。又如"顾眄"表示回头看，"流眄"表示流转目光看等。

尽管"丏"字不太常用，但确实容易与"丐"混淆，在书写的时候还是要特别注意。

45.“干”和“千”

　　“干”和“千”非常相似，区别只在于上边的第一笔是横还是撇。这两个字作为部件构字时也不能混淆，比如“汗”和“汧”（qiān）是完全不同的两个字。那么“干”和“千”有什么区别呢？来看看它们的字源。

　　先来说“干”。它是一个象形字，甲骨文作¥，像有丫杈的木棒，应该是古人使用的一种狩猎工具。金文作¥，小篆作¥，字形变化不大。杨树达《释干》认为“干”是古兵器之一。或说“干”是“盾”的别名。《方言》卷九：“盾，自关而东……或谓之干。”《尚书·牧誓》：“称尔戈，比尔干。”“干戈”常用来比喻战争，如“化干戈为玉帛”指停止战争，化为和平，后也比喻化解争端和危机。

　　《说文·干部》：“干，犯也。”许慎释“干”义为冒犯，应该是引申义。《左传·文公四年》：“其敢干大礼以自取戾？”又引申为求取。《论语·为政》：“子张学干禄。”“干禄”就是求取官位。

"干"后又有冲上义，如杜甫《兵车行》："牵衣顿足拦道哭，哭声直上干云霄。"是说哭声直冲云霄。后起义为牵连、关涉，如李清照《凤凰台上忆吹箫》："新来瘦，非干病酒，不是悲秋。"说最近消瘦跟喝酒没关系，也不是因为秋天的悲伤情绪。又如现在常说的"相干"就是相互牵连，"与我何干"就是跟我有什么关系。

"干"还与"湿"相对，此义繁体字作"乾"，简化为"干"。后又引申出了不用水（如"干洗"）、空虚的（如"外强中干"）等用法。

"干"是个多音字，上边说的都读 gān，还有一个读音是 gàn，指事物的主干部分。此义的繁体字作"幹"。如"树干"就是树木的主体部分，"躯干"是人体的主干部分。"干"（gàn）还有一个常用义"做"，如干活、干事情等。

相对于"干"，"千"的字义演变就简单些。甲骨文作𠦝。《说文·十部》："千，十百也。从十，从人。"《尚书·牧誓》："千夫长，百夫长。"古时"百"已经是大数目了，十个一百的数量就更多了，"千"表示数量很多。在很多成语中，"千"虚指多，如"千头万绪""千丝万缕""万紫千红"等。

荡秋千是一种备受大家喜爱的游戏，那么"秋千"里的"千"是什么意思呢？事实上，"秋千"原作"鞦韆"。杜甫《清明二首》其二："十年蹴踘将雏远，万里鞦韆习俗同。""鞦"是一种皮革做的绳带，"韆"表示迁移、移动。"鞦韆"就是抓着皮绳回荡、移动。"鞦韆"笔画繁多，后借用同音字，写作"秋千"。

46. "甘"和"廿"

　　"甘"和"廿"的差别在于有无里面的一横。"甘"字很常用，"廿"相对来说不太常见，表示二十。这两个字看上去很像，但意义和用法为什么有那么大的差别呢?

　　"甘"，甲骨文作 ⊟，是一个指事字，在人的口中加一短横，作为指事标志，表示口中含有食物。《说文·甘部》："甘，美也。从口含一。一，道也。"本义是甘美之物。以"甘"为偏旁的汉字多与美味食物有关，如"甜""酣"等。引申为甜、香甜等。《荀子·荣辱》："口辨酸咸甘苦。"意思是说嘴巴可以分辨酸、咸、甜、苦等味道。《战国策·燕策一》："燕王吊死问生，与百姓同其甘苦。""甘"代指欢乐，"苦"代表苦难，"同其甘苦"意思是一起享受快乐，共同承担痛苦。今通行"同甘共苦"。"甘"又可泛指味道好，如《韩非子·外储说右上》："寡人甘肥周于堂。"由味道好引申为美好、动听。《左传·僖公十年》："币重而言甘，诱我也。"大意是说：来拜访的人不仅带了很多财物，而且说的都是甜言蜜语，那么这种人一定是来诱惑我的。

105

"甘"又用作动词，表示情愿、甘心等。如《诗经·齐风·鸡鸣》："虫飞薨薨，甘与子同梦。"成语"甘拜下风"意思是愿意拜倒在对方之下。

再来看"廿"字。在分析"廿"之前需要先看看"十"。"十"的甲骨文作︱，是一个简单的竖线；"廿"的甲骨文作山，是两个"十"连在一起。战国时期，两个"十"的上边也开始连在一起写作廿，这一写法沿用下来。《说文·十部》："廿，二十并也。"本义就是二十。李贺《公无出门》："鲍焦一世披草眠，颜回廿九鬓毛斑。"

其他表示十的倍数的汉字有时也写成一个汉字，如"卅"（读作 sà，表示三十）、"卌"（读作 xì，表示四十）等。

大家了解了"甘"和"廿"的造字意图和用法，在使用的时候就不容易混淆了。

47.“羔”和“恙”

　　“羔”和“恙”的上面都是“羊”字，但“羔”的下边是四点，“恙”的下边是“心”。它们都和“羊”有关吗？

　　先来看“羔”字。《说文·羊部》：“羔，羊子也。从羊，照省声。”按照许慎的说法，“羔”本义是小羊羔，今字形下的四个点是“照”字省简而来。《诗经·豳风·七月》：“朋酒斯飨（xiǎng），曰杀羔羊。”大概是说献上美酒、宰杀羔羊来敬奉宾客。古代诸侯上朝时穿的一种衣服称为“羔裘”，指用小羊之皮做成的衣袍。成语“狐裘羔袖”意思是用狐狸皮做皮袄，用羊羔皮做袖子，比喻整体很好，只是略有不足。羔羊比较弱小，“迷途的羔羊”就用来比喻迷失方向的天真又弱小的人。

　　再来看“恙”字。“恙”是形声字，从“心”，“羊”声。《说文·心部》：“恙，忧也。”本义是忧虑、担心。《战国策·齐策四》：“岁亦无恙耶？民亦无恙耶？王亦无恙耶？”后引申指疾病。白居易《与微之书》：“形骸且健，方寸甚安。下至家人，幸皆无恙。”大意是说:（我自己）身体还算健康，内心也比较安宁，家人也都没什么毛病。"微恙"即小病，"抱恙"为得病，"无恙"就是健康。成语"布帆无恙"表示帆船不出问题，借此表示出行顺利，旅途平安。李白《秋下荆门》:"霜落荆门江树空，布帆无恙挂秋风。"董解元《西厢记诸宫调》:"莺莺坐夫人之侧，生问曰:'别来无恙否？'""别来无恙"的意思是:分别以来，一切安好吧？

　　上边我们分析了"羔"和"恙"的来源，了解了"羔"本义为小羊，四点底是从"照"字省简而来的，"恙"下边的"心"是形旁，表示忧愁。清楚了这一点，就容易区分了。

48.“杲”和“果”

　　“杲”（gǎo）和“果”是两个十分相似的字，区别在于“木”中间的一竖是否贯穿“木”上的“日”字。一竖穿过“日”字的是“果”，没有贯穿的是“杲”。为什么仅这点区别就是两个完全不同的字呢？这还要从它们的字源说起。

　　“杲”，小篆作🌳，像太阳挂在一棵树的树顶上。《说文·木部》：“杲，明也。”本义是明亮。太阳升到树顶上方之时，也是天空最明亮的时候。不过这个字现在已经不常用了，多保留在古代诗文中，用来形容太阳的明亮。如简文帝萧纲的《南郊颂》：“如海之深，如日之杲。”意思是对某种东西的感情像海一样深沉，像太阳一样光明，这句诗现多用来表示情深义重。曹植在《橘赋》中用“禀太阳之烈气，嘉杲日之休光”交代了珍贵朱橘的生长环境。“杲”也可构成叠词“杲杲”，形容太阳很明亮的样子。《诗经·卫风·伯兮》：“其雨其雨，杲杲出日。”“其雨”是一个祈使句，是盼望下雨的意思。“杲杲”连用表示明亮的样子，用来形容日出。诗

109

中的主人公原本在祈雨，没想到上天非但没有下雨，反而露出了明灿灿的太阳。刘勰（xié）在《文心雕龙·物色》中谈到如何选择词语描写自然景物，如："杲杲为出日之容，瀌（biāo）瀌拟雨雪之状。"刘勰认为"杲杲"可用来描绘太阳出来时光明的状态，"瀌瀌"可用来比拟下大雪的样子。

再来看一下"果"的字源。"果"甲骨文作 ，像一棵树上结满了果实。《说文·木部》："果，木实也。从木，象果形在木之上。""果"指树木的果实。金文作 ，与甲骨文相比，树上的果实数量减少为一个，但果实的形状却愈加突出，中间的黑点似乎是果实中的籽。小篆"果"作 ，上部形体近似于"田"。隶变后作"果"字。有些水果本身就用"果"字命名，如"苹果""无花果""圣女果""牛油果"等，这些"果"就是各种植物的果子、果实。因为植物的生长过程总是先开花后结果，所以"结果"也被人们用来表示事物发展到最后的状态或情形。

看到这里，也就清楚了"杲"和"果"的差异。"杲"是太阳挂在树顶，"木"的一竖与"日"不连写，"日"在"木"上表示的是太阳的状态；"果"是果树结出来的，所以"木"中间的竖要一通到顶，以表明果子本身与树木紧密相连，本是树木的一部分。

49. "各"和"名"

　　"各"和"名"看起来很相似，区别在于"口"上边是"夂"还是"夕"。为什么仅这点区别就是两个截然不同的字呢？这还要从它们的来源谈起。

　　先来看"各"字。甲骨文作 ，上边像一只脚趾朝下的脚，下边像坎穴之形。"各"的本义是来到、到达。这一意义在一些会意字中有所保留。比如"客"字，本义指前来探访的人或被邀请受招待的人，与之相关的词语有"贵客""宾客""做客"等。《说文·口部》："各，异辞也。"许慎所说的"各"的各自义是文献中的常用义。《尚书·汤诰》："各守尔典。"马王堆三号墓遣策："铙铎各一。"

　　再来看"名"。甲骨文作 ，左边像月牙，右边像嘴巴。金文作 ，月亮和嘴巴的位置变为上下结构。《说文·口部》："名，自命也。从口，从夕。夕者，冥也。冥不相见，故以口自名。"古代没有电，晚上黑漆漆的，人们走夜路相遇，看不清彼此，便用嘴巴自报名字，以免发生误会。"名"即人名。从古至今，人们大都很重视自己的名字，因为它是一个人的身份标记。古人的名字包含两部分，即名和字。据《礼记·内则》记载，古代婴儿出生三个月后，由父亲正式为其命名。"名"又叫"本名"，是幼时在家供亲朋长辈称呼用的，通常称"小名"，或叫"乳名""奶名"等。"字"又叫"表字"，是在本名外另取一个与本名有关的名字。古时男子到二十岁要举行结发加冠之礼，以示成人，这时就要取字；而女子则在十五岁举行结发加笄之礼，以示可以嫁人，这时也要取字。可见，以前的男女皆有字。如唐代著名诗人李白，字太白；近代女革命家秋瑾，字璇卿。名与字在使用上也是不同的，古人常自称己名以示谦逊，称他人之字以示尊敬。

"名"又指事物的名称。《周易·系辞下》："其称名也，杂而不越。"引申出名号、名分、名声等义。"名"还可作动词，义为指称。《论语·泰伯》："荡荡乎，民无能名焉！"

"名"还可指文字。《仪礼·聘礼》："百名以上书于策。""百名"即百字。

可见，要想把"名"与"各"区别开来，关键是要注意"名"从"夕"，从"口"，主要用于人及事物的代称；而"各"的上部本为脚趾，下面的"口"则是坎穴的变形，构意为到达，今常用义是各自。

50.“艮”和“良”

　　汉字中“艮”（gèn）和“良”非常相像，区别在于上面有没有一个点。为什么仅这一个点的区别就是两个完全不同的字呢？这还要从它们的字源谈起。

　　“艮”不是一个常用字，主要用于书面语。“艮”，甲骨文作 𝌀，上面像一只大眼睛，下面是一个面朝右站立的人形。小篆作 𝌀。隶书作 𝌀，下半部分由“人”变为了“匕”。《说文·匕部》：“艮，很也。从匕、目。匕目，犹目相匕，不相下也。”“很”的意思是不听从。按许慎的说法，“艮”的意思是两个人怒目而视，互不相让。《周易》有一卦为艮卦，艮为山，二山相重，喻静止。这一卦专讲养生，提醒人们不要太劳累，而要注意保护身体，免除灾祸。

　　再来看“良”字。甲骨文作 𝌀，两条弯曲的线条好似河流，中间似一座横跨河流的桥梁，造字意图为水中之“梁”。《说文·畗部》：“良，善也。从畗省，亡声。”《说文》所释并非本义，“良”的美好、善良义为常用义。如《诗经·邶风·日月》：“乃如之人兮，德音无良。"被抛弃的妻子对着天地日月、对着父母哭诉她的负心丈夫。

"良"又虚化为副词,义为很、非常。郦道元《水经注·江水》:"清荣峻茂,良多趣味。""良多"即"很多",说三峡清澈的江水、繁盛的树木、峻峭的群山、丰茂的绿草,让作者觉得趣味无穷。"良"还可用作名词,指头儿、首领。在以唐代为背景的古装剧中,我们有时会听到"不良人"这个词。什么是"不良人"?能单从字面理解为"不好的人"吗?其实"不良人"是唐代主管侦缉逮捕的差使。有一个热播剧叫《长安十二时辰》,是围绕长安不良人张小敬的故事展开的。

看到这里,"艮"与"良"的区别就很清楚了。它们在字形上看着区别不大,实则字源不同,意思也相差甚远。

51. "工""土"和"士"

　　"工""土""士"这三个字很像，区别在于横长点还是短点，竖露头还是不露头。那么这三个字为什么会有这些区别呢？

　　"工"，甲骨文作吕，像一个带把手的工具。金文作工，和甲骨文相比，下端的方框变为瘦笔单横，写法已同今"工"字很像了。《说文·工部》："工，巧饰也。象人有规榘（jǔ）也。"本义是矩，即曲尺。不过这一意义早已失落，后代用的都是引申义。早期多指工匠，西周伊簋（guǐ）中就有"百工"一词。又如《论语·卫灵公》："工欲善其事，必先利其器。"这句话是说：工匠想要做好他的工作，一定要先准备好工具。"工"引申又有工程义。西周金文有"司工"这一职官，主管水利及土木等工程，这在典籍中作"司空"。又引申为功绩、功业等，这一意义后作"功"。

　　再来看"土"字。甲骨文作㘴，下面的一横表示地面，上面像土堆或土块。早期金文"土"写作坐，中间一竖像有物从土地里长出。小篆作土。《说文·土部》："土，地之吐生物者也。二象地之下、地之中，物出形也。"许慎用"吐"来解释"土"字，说"土"能吐生万物，本义是土壤。《尚书·禹贡》："厥贡惟土五色。"又泛指土地、田地。土在古人心中有着极高地位，殷人把土作为崇拜物进行祭祀，上古神话中把专门负责土地事务的神叫土地神。古人还会借土阐释哲理，如《荀子·劝学》："积土成山，风雨兴焉。"荀子借泥土堆积久了也可成为高山，告诫众人学习贵在日积月累。土地之义可引申指国土、领土。《国语·晋语一》："今晋国之方，偏侯也，其土又小。"后又引申指家乡、故乡。《后汉书·班超传》："超自以久在绝域，年老思土。"

最后来看"士"字。"士"和"土"差别很小，只是"士"的上横长于下横，与"土"刚好相反。这是为什么呢？"士"的金文作士，像一把大斧，斧是刑官身份的象征。如《尚书·舜典》："汝作士，五刑有服。"《说文·士部》："士，事也。数始于一，终于十。从一，从十。孔子曰：'推十合一为士。'"依照许慎的说法，"士"指能做事的人，应同"仕"。《荀子·大略》："古者匹夫五十而士，天子诸侯子十九而冠，冠而听治，其教至也。"荀子通过比较平民百姓与诸侯之子做官年纪上的差异，说明接受教育的重要性。

古代典籍中"士"又为男子的一种美称。《诗经·郑风·女曰鸡鸣》："女曰鸡鸣，士曰昧旦。"与之相关的词语有"士大夫""勇士""壮士"等。同时，"士"也是知识分子的通称。

可见，"工""土""士"三个字的构形和构意都不一样，它们之间的笔画差异必须加以区分。

52."功"和"切"

　　"功"和"切"是两个非常相似的字，但这两个字却不能混淆。"功"的右边是"力"不是"刀"，"切"的右边是"刀"不是"力"。那么如何区别"功"和"切"呢？

　　首先来看"功"字。《说文·力部》："功，以劳定国也。从力，从工，工亦声。"本义是功业、功绩。《荀子·劝学》："骐骥一跃，不能十步；驽马十驾，功在不舍。"骏马跨跃一次，也不能有十步远；劣马连走十天，它的功绩在于不停止。这句话说明学习贵在持之以恒。上古"功"还可泛指工作。《诗经·豳风·七月》："上入执宫功。"又引申有事功、事业等义。《孟子·公孙丑上》："管仲、晏子之功，可复许乎？"

　　"功夫"是个常用词，一般指技术及修养造诣，也代指中国武术。在海外，一提起中国，很多外国人第一个想到的就是中国功夫，还有中国功夫明星成龙。《功夫熊猫》就是一部以中国功夫为主题的美国动作喜剧电影，讲述了一只笨拙的熊猫阿宝努力学习中国功夫，立志成为武林高手的故事。

再来谈"切"字。"七"的甲骨文作十，疑为"切"之初文。当"七"字用作数词后，为了区分，古人在"七"的基础上加"刀"新造了"切"字，专表切断义。《说文·刀部》："切，刌（cǔn）也。从刀，七声。"指用刀切断。《礼记·少仪》："牛与羊鱼之腥，聂而切之为脍。"意思是生的牛肉、羊肉、鱼肉，切成薄片之后再细切就成为脍。"切"还指古代加工珠宝骨器的一门工艺，如《诗经·卫风·淇奥》："如切如磋，如琢如磨。"这句诗讲君子的自我修养就像加工骨器那样，切了还要磋；像加工玉器那般，琢了还须磨。"切磋"一词就来自于此，用来形容人们在道德学问方面相互研讨、勉励。

切东西时，由于刀与所切之物十分贴近，所以"切"又表示相接、贴近，此时读作 qiè。中医传统治疗方法是望、闻、问、切。《史记·扁鹊仓公列传》："意治病人，必先切其脉，乃治之。""切"是用手摸着病人的脉搏诊断病症。与之相关的词语还有"切身""切齿""切肤"等。由此"切"又引申出急切、殷切、迫切之义。杜甫《狂歌行赠四兄》："兄将富贵等浮云，弟切功名好权势。"表现出了兄弟二人迥异的性格，富贵在哥哥看来不过是浮云，但弟弟却急切盼望着能得到功名和权势。

说到这里，"功"与"切"的区别就很清楚了。

53. "汩" 和 "汨"

　　"汩"（gǔ）和"汨"（mì）实在是太像了，它们都与水有关，区别在于右边是"曰"还是"日"。那么它们有哪些不同？我们需要追溯一下它们的字源。

　　先来看"汩"字。《说文·水部》："汩，治水也。从水，曰声。"本义是治水、使疏通。《楚辞·天问》："不任汩鸿，师何以尚之？"其中"汩"就是治理义。这句话在反问：鲧（读 gǔn，禹的父亲）既不能胜任治水，众人为何推举他呢？"汩"引申为水急速流动的样子。《楚辞·怀沙》："浩浩沅湘，分流汩兮。"意思是：浩荡的沅水、湘水啊，每天奔流不息！"汩"由此又泛指迅疾。江淹《恨赋》："迁客海上，流戍陇阴。此人但闻悲风汩起，血下沾衿。"后又作拟声词，常连用组成"汩汩"，表示水流的声音。成语"滔滔汩汩"多用来比喻说话连续不断。如叶圣陶《四三集·一桶水》："大家一听到提起火烧的事，言语好像开了水闸，滔滔汩汩泻个不歇。"

　　"汩"还有一个读音 yù，指迅速。《楚辞·离骚》：

120

"汩余若将不及兮，恐年岁之不吾与。""不吾与"是宾语前置，即"不与吾"。屈原感叹光阴似箭自己好像跟不上，担心岁月不等人。

再来看"汨"字。《说文·水部》："汨，长沙汨罗渊，屈原所沈之水。从水，冥省声。""汨"是一条河流的名字——汨罗江，属洞庭湖水系，全长254.4公里。诗人屈原曾被流放至此，住在汨罗江畔的玉笥（sì）山上。在这里他写出了一生中最重要的作品——《离骚》和《天问》。公元前278年，楚国都城郢（读作yǐng，今湖北省荆州市）被秦军攻破，屈原感到救国无望，于农历五月初五投汨罗江而死。著名诗人余光中曾来到汨罗江畔吊唁屈原，作诗道："蓝墨水的上游是汨罗江。""蓝墨水"代指当代中华文脉，"汨罗江"则代指屈原。与"汨"相关的词语较少，大多与屈原有关。

"汩"中的"日"字为声符"冥"的省形，"汨"中的"曰"则为声符。可见两个字只是形似，在字源与意义上并不相同。

54."瓜"和"爪"

"瓜"和"爪"是两个非常相似的字，区别在于中间是一竖还是竖提加一点。那么"瓜"和"爪"有什么不同呢？

先来看"瓜"字。金文写作𤓰，像藤蔓之中结出了一个椭圆形的瓜。《说文·瓜部》："瓜，𤓰（yǔ）也。象形。"本义是挂在藤上的果实。《诗经·豳风·七月》："七月食瓜，八月断壶。""壶"指葫芦。"瓜"又指形状如瓜的饰物等。在清装剧中，我们常看到男子梳着长辫子，头上戴着一顶精致的小帽儿，这种帽子叫"瓜皮帽"。它流行于明清及民国时期，由六块黑缎子或绒布等连缀制成，底边镶一条一寸多宽的小檐，形状如半个西瓜皮，故称"瓜皮帽"。

"瓜"作动词，表"瓜成熟"。《左传·庄公八年》："齐侯使连称、管至父戍葵丘，瓜时而往。曰：'及瓜而代。'"齐侯在食瓜的季节派连称、管至父戍守葵丘，并许诺到来年食瓜的季节会派人替换他们。因此，"瓜代"也用来指任职期满由他人继任。因为七月正是瓜果成熟的季节，人们也用"瓜时"指七月。

再来看"爪"字。"爪"读 zhǎo，最早见于甲骨文，作 λ，字形像一只掌心向下的手。金文作 λ，像手掌张开的样子。小篆作爪。《说文·爪部》："爪，丮（jǐ）也。覆手曰爪，象形。"本义为鸟兽的脚趾，也指人的指甲或趾甲。《老子》第五十章："兕无所投其角，虎无所措其爪。"其中"爪"指老虎的爪子。"张牙舞爪"本指龙张开嘴巴又挥舞着爪子，用来形容猛兽凶恶可怕，也比喻猖狂凶恶。成语"一鳞半爪"，原指龙在云中，东露一鳞，西露半爪，看不到它的全貌。现用来比喻零星片段的事物，与词语"支离破碎""残缺不全"意义相近。

凡由"爪"组成的汉字大都与手或手的动作有关。"爪"作意符时通常写作"⺥"，如"争（爭）""为（爲）""奚""觅（覓）""采"等。"爪"有抓取义，后来人们在"爪"的基础上加了"扌（手）"旁，新造了"抓"字，专表"抓"这个动作。

"爪"还有个读音 zhuǎ，指鸟兽的脚趾或趾甲，多用于口语，如"鸡爪""猫爪"等。

可见，"瓜"与"爪"都是象形字，小篆差异较大，是隶变后出现的形近。

55."怪"和"怿"

　　"怪"和"怿"是两个非常相似的字。区别在于它们右边的"丨"是否穿过第二笔"一"。那么它们有什么区别呢?

　　先看"怪"字。《说文·心部》:"怪,异也。从心,圣声。"本义是奇异、奇怪。也可作名词,指奇异的事物。《论语·述而》:"子不语怪力乱神。""怪"还有妖精、鬼物的意思。《西游记》第二十七回:"山高必有怪,岭峻却生精。"意思是:山高势险,峻岭丛生,其中必有妖魔鬼怪出没。今有"怪诞"一词,指荒诞、古怪、离奇等。怪诞还是一门艺术,产生发展于西方,由丑恶和滑稽两种成分构成。怪诞艺术已应用于文学、绘画、舞蹈等领域,这种表现方式在漫画中最为突出。

　　"怪"另有一义,是责备、埋怨。《荀子·正论》:"今世俗之为说者,不怪朱、象而非尧、舜,岂不过甚矣哉?"

　　再来看"怿"字。"怿"读作yì,繁体字作"懌",本义是高兴。"怿"可与"悦"组成词语"悦怿",指喜爱、喜悦。《诗经·邶风·静女》:"静女其娈,贻我彤管。彤管有炜,说怿女美。"诗句中"说"后作"悦",描写一对青年男女在城隅约会的场景。姑娘娴静、娇艳动人,送"我"一枝红彤管。彤管色泽鲜红,光彩熠熠,男主人公很是喜爱。后来"悦怿彤管"也被用来借指爱人所赠之物。又如《诗经·小雅·頍(kuǐ)弁(biàn)》:"未见君子,忧心弈弈。既见君子,庶几说怿。"直白地写出了主人公当时巨大的心理反差,没有见到君子时是如何忧愁不安,见到君子后又是如何欢欣异常。典故"海禽不怿",用来表达事与愿违之义。《庄子·至乐》:"昔者海鸟止于鲁郊,鲁侯御而觞之于庙,奏《九韶》以为乐,具太牢以为膳。鸟乃眩视忧悲,不敢食一脔,不敢饮一杯,三日而死。此以己养养鸟也,非以鸟养养鸟也。"鲁侯喜欢鸟但不知该如何养鸟,于是便按自己喜欢的生活方式养鸟,结果海鸟"三日而死"。

看到这里,大家对"怪"和"怿"这两个字的区别也就清楚了。"怿"的繁体字"懌"与"怪"字本来差异很大,是汉字简化致使"怿"与"怪"成了形近字。

56. "官"和"宦"

"官"和"宦"这两个字很像。它们都是上下结构，且上面都是"宀"，区别在于"宀"下是"𠂤"还是"臣"。那么它们有什么区别呢？

先说说"官"字。《说文·𠂤部》："官，史事君也。从宀，从𠂤。𠂤犹众也，此与师同意。"杨树达在《积微居小学金石论丛》中援引何子贞先生语说："官字从宀，凡从宀之字皆以屋室为义。官字下从𠂤，盖象周庐列舍之形，谓臣吏所居，后乃引申为官职之称。《周礼》官府都鄙并称，是其本义也。""官"本义是官吏的居所。《礼记·玉藻》："凡君召，……在官不俟屦，在外不俟车。"说国君召唤时，官吏必须马上赶到，如果在官府里，就不等穿好鞋，如果在外边，也不要等套好车。引申有官职、官位义。《孟子·公孙丑上》："不卑小官。"即不轻视低微的官位。后常用以指官吏。

"官"还引申指人体器官，耳、目、口、鼻、心为人的五官。《庄子·养生主》："方今之时，臣以神遇而不以目视，官知止而神欲行。"说庖丁解牛时，他只是用精神去接触牛，而不必用眼睛看，如同五官停止了活动，而全凭精神在运作。

再来看"宦"字。金文作🔲，小篆作🔲。隶书作🔲，字形由半包围结构变为上下结构，今天的楷书"宦"由此演变而来。《说文·宀部》："宦，仕也。从宀，从臣。""宀"本指房屋，这里指官府；"臣"本像竖立的眼睛，后作为奴仆的代称。"宦"指做官。《左传·宣公二年》："及成公即位，乃宦卿之适子而为之田，以为公族。"又指做臣仆。《国语·越语下》："（越王）令大夫种守于国，与范蠡入宦于吴。"越王勾践攻打吴国失败后，为平息吴国国君怨气，决定让大夫文种留守越国，自己带着范蠡到吴国给吴王做臣仆。封建时代朝廷有宦官一职，主要负责宫廷杂事。宦官不得参与国家政务，但因处皇宫之中，能博取皇帝信赖，所以有些宦官也曾担任过朝廷大臣。东汉、唐、明等朝代皆存在宦官掌握国家政务大权的情况，比如明末宦官魏忠贤极受宠信，被称为"九千九百岁"。他排除异己，专断国政，以致百姓"只知有忠贤，而不知有皇上"。宦官在先秦和西汉时期并非全是阉人，自东汉开始，宦官才全由阉人担任。

以上便是"官"和"宦"的来源和意义。它们之间既有区别又有联系。

57. "侯" 和 "候"

　　"侯" 和 "候" 是两个十分相似的字。从字形上看，这两个字只有一笔的区别，"候" 比 "侯" 多了一竖。它们在字源上有联系吗？

　　"侯"，甲骨文作![侯甲骨文]，金文作![侯金文]，均像一支箭射向箭靶。小篆作![侯小篆]，字形没那么象形了，在上面加了一个"人"，表示箭是人射的。《说文·矢部》："矦，春飨所射矦也。从人，从厂，象张布，矢在其下。""矦"又作"侯"，本义指古代射礼所用的射布。《诗经·小雅·宾之初筵》："大侯既抗，弓矢斯张。""大侯"指射箭用的靶子，由虎、熊、豹三种皮制成。这两句诗描绘的是一幅射箭比赛的画面，熊靶已经竖立起来，箭在弦上，强弓也已拉开。古人崇尚武功，认为凡能射中侯（箭靶）者就是了不起的人，因此"侯"又引申指有本事的人，也用作爵位的名称。《礼记·王制》："王者之制禄爵，公、侯、伯、子、男，凡五等。""侯"排在五等爵位的第二位。《史记·陈涉世家》："王侯将相宁有种乎？"这里的"王侯"指诸侯和达官贵人。"侯"还是

128

百家姓中的一个姓氏，如相声大师侯宝林。

再来谈一下"候"字。小篆作𠉧。《说文·人部》："候，伺望也。从人，𠉧声。"本义为等候、迎候。先秦典籍中有"候人"一词。一指道路上迎送宾客的官吏。《诗经·曹风·候人》："彼候人兮，何戈与祋（duì）。"二是指伺望敌人的人。《左传·宣公十二年》："岂敢辱候人？""候"的等候义很常用。如陶渊明《归去来兮辞》："稚子候门。"沈括《梦溪笔谈》："即候苗成。"今有"候车室""候机大厅"等。"候"还有看望、问候义。《汉书·张禹传》："上临候禹。"

"候"还表时令。《礼记·王制》："獭（tǎ）祭鱼，然后虞人入泽梁。"郑玄注："取物必顺时候也。""獭"指水獭，它捕鱼时爱将捕到的鱼摆在水边，像祭祀一样，称"獭祭鱼"。"虞人"指掌管山泽田猎的官。

那么"候"为什么比"侯"多一条短竖呢？"侯"的古字形是"𠉟"，"候"从"人"，"𠉟"声，隶变后包含了两个"亻"。为了书写简便，人们就把中间的那个"亻"改成了短竖，这就有了"候"字的写法。

58. "乎"和"平"

"乎"和"平"看起来很像。只是"乎"的第一笔是撇不是横，而且比"平"字多了一个钩。那么"乎"和"平"的这些区别有什么作用呢？

先来看"乎"字。甲骨文作 ，上面三点表示语气上扬，下面字形为"丂"，表示读音。《说文·兮部》："乎，语之余也。从兮，象声上越扬之形也。""乎"的本义是语气词，多用于陈述句句末，相当于"呢"。也可以用在句末，表示反问语气，相当于"吗""呢"。《论语·学而》："学而时习之，不亦说乎？有朋自远方来，不亦乐乎？人不知而不愠，不亦君子乎？""乎"用在句尾也可表推测或商量的语气，相当于"吧"。《战国策·赵策四》："日食饮得无衰乎？"这是触龙问候赵太后的一句话，说："您每天的饮食该不会减少吧？""乎"也用于感叹句或祈使句，表示祈请语气或感叹、赞美等，等于"啊""呀"。《史记·陈涉世家》："嗟乎，燕雀安知鸿鹄之志哉！"说燕雀怎么能知道鸿鹄的远大志向呀！这句话也用来比喻平凡的人哪里知道英雄人物的志向。

　　"乎"在文言文中除了作语气词，也作介词使用，相当于"于"。韩愈《师说》："生乎吾后，其闻道也亦先乎吾，吾从而师之。""生乎吾后"意思是出生在我后面的人。现代汉语中，"乎"多作后缀，构成动词、形容词或副词，如"在乎""热乎""近乎""几乎"等。

　　下面来看"平"字。金文作𠀃，小篆作𠀆。《说文·于部》："平，语平舒也。从亏（于），从八。八，分也。"依照许慎的说法，"平"的本义是气息舒缓。不过李学勤《字源》说，"平"的本义应是平坦、不倾斜。《诗经·小雅·黍苗》："原隰（xí）既平，泉流既清。""平"又指平地。《尔雅·释地》："大野曰平。""平"作形容词有均等、公正义。如"公平"指公正而不偏袒。《管子·形势解》："天公平而无私，故美恶莫不覆；地公平而无私，故小大莫不载。"大意是：上天公正没有偏私，因此美好的、邪恶的都在苍天覆盖之下；大地公正没有偏私，不论万物形体是大是小，大地都能承载。"平"还指安定、宁静，如《吕氏春秋·大乐》："天下太平，万物安宁。"

　　看到这里，大家对"乎"和"平"的起源和区别就有所了解了。"乎"是一个语气词，而"平"与舒缓、平坦等有关。它们看似相近，其实有很大差异。

59. "壶"和"壸"

　　"壶"和"壸"（kǔn）是两个十分相似的字，区别在于下边是"业"还是"亚"。它们为什么有这些不同呢?

　　先来看"壶"字。甲骨文作 🍶，象形字。这是古人用来盛液体的大肚容器，上边是盖子，下边是底座，中间凸起的是壶肚，有的还会带上两只耳朵。《说文·壶部》:"壶，昆吾圜器也。象形。从大，象其盖也。"古时主要用于盛水、盛酒等。《荀子·劝学》:"不道礼、宪，以《诗》《书》为之，譬之犹以指测河也，以戈舂黍也，以锥餐壶也，不可以得之矣。"荀子认为做事情如果不讲究礼法，仅凭《诗经》《尚书》中的道理去办事，就如同用手指测量河水，用戈矛捣米，用锥子到壶里取东西吃，最终只能是费力不讨好。典故"以锥餐壶"出自于此。千古名句"一片冰心在玉壶"出自王昌龄《芙蓉楼送辛渐》，作者用这句话表明自己的心依然像玉壶里的冰一样纯洁，未受功名利禄等俗事的玷污。

　　"壶"在古代也是宴饮宾客时的娱乐器具。投壶礼源于射礼，是士大夫宴饮时玩的一种投掷游戏。具体规则是：把箭投向壶里，投中多者为胜，负者按约定被罚喝酒。《左传·昭公十二年》："晋侯以齐侯宴，中行穆子相，投壶。"反映出两国诸侯在宴饮中也会举行投壶活动。

再来看"壸"字。小篆作壸。《说文·囗部》："壸，宫中道。从囗，象宫垣道上之形。《诗》曰：'室家之壸。'"本义是古代宫中的道路。《诗经·大雅·既醉》："其类维何？室家之壸。"《尔雅·释宫》："宫中衖（xiàng）谓之壸。""衖"同"巷"，即小路。"壸"由此可引申指内宫。"壸政"指的是宫内事务。"宫壸"是帝王的后宫。《元史·成宗四》："惟其末年，连岁寝疾，凡国家政事，内则决于宫壸，外则委于宰臣。"是说元成宗铁穆耳晚年患病，不能治理朝政，只能依靠皇后和大臣，朝政日渐衰微。"宫壸"一词也被借指后妃。《明史·张升传》："贵戚万喜依凭宫壸，凶焰炽张。"当时的皇帝是明宪宗朱见深，他宠爱着一个叫万贵儿的贵妃，其家人因此嚣张跋扈。"壸"进一步引申为妇女居住的内室，如"壸室"。"壸"也借指妇女，如"壸则"指妇女行为的准则，"壸训"为妻室的言行仪范。

看到这里，大家对"壶"和"壸"的来源就很清楚了。"壶"是盛放液体的容器；"壸"与宫中道路有关，常用于与宫廷有关的事情。

60. "桓""垣"和"恒"

"桓""垣"和"恒"是三个相似的字。区别在于"亘"的左边是"木""土"还是"心"。那么它们有什么不同呢?

先来看"桓"字。"桓"指作为标志的柱子,多成双而立,又称"桓门""华表"。《说文·木部》:"桓,亭邮表也。"先秦时"桓桓"还表示威武的样子。《诗经·鲁颂·泮水》:"桓桓于征,狄彼东南。"说威武之师出征,在东南平定了淮夷。先秦天子及诸侯的谥号常用"桓",表示有开疆功业。后世也有沿用,如张飞死后,后主刘禅追封他为"桓侯"。

再来看"垣"(yuán)字。金文作 ,小篆作 。隶变后作 ,与今天的"垣"字相差无几。《说文·土部》:"垣,墙也。从土,亘声。"本义是矮墙,也可泛指墙。《诗经·卫风·氓》:"乘彼垝垣,以望复关。"诗中的女主人公登上倒塌的墙壁,凝神远望复关,痴痴盼着自己的情郎出现。今也常用"残垣断壁"形容残破荒凉的景象。古代城池由高高的城墙围着,因此"垣"也引申指城市。

134

苏洵《张益州画像记》："西人传言，有寇在垣。"说西边蜀人传闻边关城池有敌寇。中国古代天文学家将星空划分为紫微垣、太微垣、天市垣，并称"三垣"，它们是中国古代天文学的重要内容。古人认为天空同人间一样也是一个社会，天帝住在天宫里面，天宫周围自然也要有城墙保护，因此古人把这些星群称作"垣"。

最后说"恒"字。甲骨文作℄，上下两横分别表示天和地，中间是弯弯的一轮月亮，合起来表示月亮悬于天地之间。"恒"的金文作㘝，左边多了一个"心"，大概要表恒心之义。从甲骨文字形看，"恒"本义是月由上弦而渐满。《诗经·小雅·天保》："如月之恒，如日之升。"日月经天，阴晴圆缺为亘古不变的规律，又引申为恒久、恒心等。《论语·子路》："人而无恒，不可以作巫医。"《说文·二部》："恒，常也。从心，从舟，在二之间，上下心以舟施，恒也。"许慎用"常"解释"恒"，说的是其常用义恒常、长久等。《诗经·小雅·小明》："嗟尔君子，无恒安处。"郑玄笺："恒，常也。""恒"又引申为平常的、普通的。《庄子·大宗师》："是恒物之大情也。"说这是一般事物的常理。

看到这里，"桓""垣"和"恒"的区别已经很清楚了，它们的起源不同，读音不同，意义也不同。"桓"本指做标志的柱子，"垣"与墙、城池有关，"恒"与时间、地名有关，大家在使用中要注意区分。

61. "幻"和"幼"

　　"幻"和"幼"这两个字十分相似，它们左边都是"幺"（yāo），区别是右边有没有那一撇。为什么仅相差这一撇就是两个完全不同的字呢？

　　先看"幻"字。《说文·予部》："幻，相诈惑也。从反予。"按照许慎的说法，"幻"是"予"字的倒写。"予"小篆作，义为推予，指将财物给人。与"予"相反，"幻"小篆作。段玉裁注释为"使彼予我"，指将别人的财物归为己有。而对方受了骗，还迷惑不解，所以许慎将"幻"释为"诈惑"，即骗人。"幻"本义是相互欺诈、迷惑。《尚书·无逸》："民无或胥诪（zhōu）张为幻。""诪张"为联绵词，指欺骗、作伪。后"幻"引申指虚无的或不真实的，如"虚幻""梦幻""幻境""幻影"等。"幻"还作动词，又引申为变化，如"变幻莫测"指事物变化难以预料。

　　再看"幼"字。《说文·幺部》："幼，少也。从幺，从力。"本义是年少、刚出生的。《左传·僖公三十三年》："王孙满尚幼，观之，言于王曰：'秦师轻而无礼，必败。'"又引申表示小孩子。陶渊明《归去来兮辞》："携幼入室，有酒盈樽。"作者辞官回家，牵着幼儿们进入屋室，看到酒樽里已盛满了清酿。"幼"还用作动词，指对儿童的爱护。《孟子·梁惠王上》："老吾老，以及人之老；幼吾幼，以及人之幼。"大意是：赡养孝敬自己的长辈时，也不要忘了别人家里的长辈；呵护抚育自己的子女时，也要爱护别人家里的孩子。如果大家都这么做，我们的社会会更加和谐。

可见，"幻"和"幼"虽然都有"幺"旁，但来源不同。"幻"中的"幺"是隶变而来的，形义与"幺"并无关系；"幼"字中"幺"有小义，"从幺，从力"表示幼年力小。

62. "肓""盲"和"育"

　　"肓""盲"和"育"是三个十分相似的字，它们都是上下结构。区别在于下面是"肉（月）"还是"目"，上面是不是"亡"。那么，如何来辨析这三个字呢？

　　先来看"肓"（huāng）字。小篆作肓。《说文·肉部》："肓，心上鬲下也。从肉，亡声。《春秋传》曰：'病在肓之下。'""肓"指心脏与膈之间的部位，这也是中医认为药力达不到的部位。《左传·成公十年》："疾不可为也，在肓之上、膏之下，攻之不可，达之不及，药不至焉，不可为也。"晋景公得了重病，请来秦国有名的大夫医治。秦医说：由于疾病在肓之上、膏（古人把心尖脂肪叫"膏"）之下，没有办法医治。晋景公就打发他回去了。成语"病入膏肓"就源于此，形容病情十分严重，也用来比喻事情到了无法挽救的地步。

　　再来看"盲"字。小篆作盲。《说文·目部》："盲，目无牟子。从目，亡声。"本义是眼瞎。《墨子·非攻下》："此譬犹盲者之与人同命白黑之名，而不能分其物也。"成语"盲人摸象"说的是多个盲人摸同一只大象，所摸的部位各不相同，却都误以为自己摸到的才是大象真正的样子，因而各执己见。这则成语告诫我们，认识事物要多角度、全方位地考察，而不能自以为是，妄下结论。

最后来看"育"字。"育"是"毓"的异体。"毓"甲骨文作 ，像一个妇女身下有一个头朝下的孩子，旁边有一些液体，表示妇女在生孩子。《说文·㐬部》："育，养子使作善也。从㐬，肉声。《虞书》曰：'教育子。'"许慎说"育"是养育孩子使之成人，这里"育"是养育、教育之义。从甲骨文字形看，"育"的本义为生育。《周易·渐》："妇孕不育，失其道也。"引申可指繁殖等。又为抚育、培养等义。《诗经·大雅·生民》："载生载育，时维后稷。"

注意："育"与"毓"本为异体字。后来指生育用"育"，不用"毓"；指培养用"毓"，也可用"育"。"育"上面的部件既不是"云"字，也不是"亡"字，而是一个倒"子"的象形字变来的。

看到这里，大家对"肓""盲""育"这三个字的来源就清楚了吧。它们看着相似，实则音、义均不同，大家在使用中要注意区分。

63. "麾"和"摩"

　　"麾"和"摩"看起来很像，它们都是半包围结构，区别在于"麻"下是"毛"还是"手"。如何区分它们呢？

　　先来说"麾"字。"麾"读作 huī，小篆作𪏮。《说文·手部》："摩，旌旗所以指麾也。从手，靡声。"可见，今"麾"上面的"麻"为声符"靡"的省简。"麾"本义是古代指挥军队的旗子。《史记·淮阴侯列传》："张耳、韩信未起，即其卧内上夺其印符，以麾招诸将，易置之。""麾下"本指将旗之下，后也用来借指将帅的属下。《史记·项羽本纪》："于是项王乃上马骑，麾下壮士骑从者八百余人。"这里的"麾下"指项羽的部下。"麾"作动词，义为指挥。《楚辞·离骚》："麾蛟龙使梁津兮，诏西皇使涉予。"王逸注："举手曰麾。或言以手教曰麾。"又如辛弃疾《尧山堂外纪》卷五十九："杯再拜，道：'麾之即去，招则须来。'"此词以戒酒为题，通过"我"与酒杯的问答，风趣而又委婉地表达出作者对南宋政权的失望与心中的苦闷。

"麾节"原是指挥旗和符节，后也借指将帅、节度使。元稹《故中书令赠太尉沂国公墓志铭》："天子未命，敢有言吾麾节者死。"

再来说"摩"字。小篆作𡡾。《说文·手部》："摩，研也。从手，麻声。"本义指擦、蹭等。《周易·系辞上》："是故刚柔相摩，八卦相荡。"又如《战国策·齐策一》："临淄之途，车毂击，人肩摩。"成语"摩肩接踵"的意思是肩擦着肩，脚碰着脚，也用来形容人多拥挤。"摩"引申指研究、切磋，如《礼记·学记》："相观而善之谓摩。""摩"在这里是一种教育方法，《礼记》认为相互观察，取人之长，叫作"摩"。"观摩"指互相切磋，学习交流，如"观摩演出""观摩教学"等。

"摩"引申又有迫切、接近义。《左传·宣公十二年》："吾闻致师者，御靡旌，摩垒而还。"今所谓"摩天大楼"，即形容高楼接近云天。

看到这里，"麾"与"摩"的区别就比较清楚了。"麾"是指挥军队的旗子，"摩"是一个手部动作，它们的起源互不相关。

64. "即" 和 "既"

　　"即"和"既"字形相近，很多人分不清楚什么情况下用"既"，什么情况下用"即"。那么"既"和"即"有什么区别呢？

　　先来看"即"字。甲骨文作卽，左边是一个盛食物的簋，右边是一个对着食器的人。金文作卽，小篆作卽，隶变后作即。《说文·皀部》："即，即食也。从皀，卪声。""即"本义是就食。引申指接近、靠近。《诗经·卫风·氓》："氓之蚩蚩，抱布贸丝。匪来贸丝，来即我谋。"又指当前。《史记·项羽本纪》："项王即日因留沛公与饮。""即日"指当天。

　　"即"还可作副词，主要意义和用法有三。一是加强肯定语气。如《史记·项羽本纪》："梁父即楚将项燕。"二是就、便。《史记·李将军列传》："度不中不发，发即应弦而倒。"三是如果。《公羊传·庄公三十二年》："寡人即不起此病，吾将焉致乎鲁国？"

　　再来看"既"字。甲骨文作既，金文作既，均像一个人坐在盛满食物的簋旁，但头已经向后转，表明用食结束。小篆作，造字理据已经模糊。隶书作。"既"的造字意图是吃完饭。常用义为已、已经。《尚书·尧典》："九族既睦，平章百姓。"又如《论语·八佾》："成事不说，遂事不谏，既往不咎。"这里孔子告诫他的学生宰予对鲁国政治表态要谨慎。已经做了的事，就不要再解释了；事情已经实现了，就不要再去阻止；如果事情已经过去，也就不要再追究了。"既"与"又""且"连用，构成并列关系，表示两种情况兼而有之。《国语·晋语一》："既无老谋，而又无壮事，何以事君？"这句话中的"老谋"和"壮事"是并列关系。意思是：没有深远的谋略，也没有卓著的战功，拿什么辅佐君王呢？

看到这里，大家对"即"和"既"的来源就清楚了。它们的含义在造字之初就不同。"即"是准备吃饭，引申指即将、将要等；"既"是吃完饭，引申为已经等。明白了这一点，大家在今后的使用中就不会混淆了。

65.“己”“已”和“巳”

“己”“已”和“巳”这三个字太像了，区别在于最后一笔“乚”的长短，有没有把上面的缺口堵上。如何来区分这三个形近字呢？

先来看“己”字。甲骨文作，与今天的“己”字方向相反。金文作，字形已与今天的楷书“己”相似。关于“己”的字源，说法不一。《说文·己部》：“己，中宫也。象万物辟藏诎形也。己承戊，象人腹。”许慎结合五行说来解释“己”的字形，还说“己”像万物因回避而收拢的弯曲形状。也有人认为甲骨文的“己”是绳缴之形。刘熙《释名·释天》：“己，纪也。”朱骏声《说文通训定声》：“己即纪之本字，古文象别丝之形，三横二纵，丝相别也。”刘熙和朱骏声都说“己”是“纪”的初文。

“己”常用作第一人称代词，指自己。《孙子·谋攻》：“知彼知己，百战不殆。”今常用“知己知彼”表示自己对某件事很有把握。早在甲骨文中，“己”就被假借用作天干第六位，与地支配合用以纪年、月、日。

如己亥年，距我们最近的己亥年是 2019 年，干支纪年六十年一轮回，那么可以推算下一个己亥年是 2079 年。

再来看"已"字。与"己"相比，"已"的笔画"乚"长了一点点。"已"是"巳"（yǐ）的分化字。为了区别，留了缺口写作"已"。"已"的常用义是停止。《诗经·郑风·风雨》："风雨如晦，鸡鸣不已。"郑玄笺："已，止也。"又如《荀子·劝学》："君子曰：学不可以已。"这句话讲学习不可以停止，即学无止境。诸葛亮《后出师表》："臣鞠躬尽力，死而后已。"三国时期，蜀主刘备去世，后主刘禅继位，他把国内军政大权交给诸葛亮。诸葛亮在最后一次北伐前夕作《后出师表》，向刘禅表忠心，表白自己一生为国勤勤恳恳，竭尽心力，到死为止。

"已"又为副词，已经。《史记·高祖本纪》："老父已去，高祖适从旁舍来。"又如李汝珍《镜花缘》第三十四回："如今木已成舟，也是林兄命定如此了。""木已成舟"指树木已经做成小舟，比喻事情已是不可改变的定局。

最后来看"巳"字。这个字不常用，读作 sì。《说文·巳部》："巳，已也。四月阳气已出，阴气已藏，万物见，成文章，故巳为蛇，象形。"许慎用"已"解释"巳"，为声训。又说夏历四月阳气已出，阴气已藏，色彩斑斓。从甲骨文字形看，"巳"像胎儿之形，本义为胎儿。后被借用为十二地支的第六位，与天干相配，用以纪年、月、日。"巳"也指十二生肖中的蛇。十二生肖是十二地支的形象化代表，即子（鼠）、丑（牛）、寅（虎）、卯（兔）、辰（龙）、巳（蛇）、午（马）、未（羊）、申（猴）、酉（鸡）、戌（狗）、亥（猪）。

看到这里，大家对"己""已"和"巳"的来源已有所了解。其实"已"与"巳"本为一字，只是后来两字分化，在"已"字上留了缺口。

66. "甲"和"申"

　　"甲"和"申"是两个非常相似的字，但二者不能混淆。比如"鸭子"的"鸭"，左边不能写成"申"；"伸懒腰"的"伸"，右边也不能写成"甲"。为什么如此微小的差别却是两个完全不同的字呢？

　　"甲"，甲骨文作十或田。小篆作甲，隶变后作"甲"。《说文·甲部》："东方之孟，阳气萌动，从木戴孚甲之象。""孚甲"是种子的外皮、外壳。许慎用草木种子开裂发芽来解释"甲"。关于"甲"字的构形本源，于省吾说本为"首甲"之"甲"。古代应当先有护首之甲，后有护身之甲。金文中"甲"有铠甲义，如新郪虎符："凡兴士被甲，用兵五十人以上，必会王符，乃敢行之。"此义后代很常用。王昌龄《从军行七首》其四："黄沙百战穿金甲，不破楼兰终不还。""金甲"就指战士的铠甲。"甲"还可泛指作战装备。《三国志·蜀书·诸葛亮传》："今南方已定，兵甲已足。"

　　"甲"还可泛指某些动物的硬壳或者鳞片。如《山海经·中山经》："（依轱之山）有兽焉，其状如犬，虎爪有甲，其名曰獜（lìn）。"又如"龟甲""兽甲"等。

"甲"还指天干第一位，用来纪日、纪年等。甲骨文中就有了干支表，用来纪日。其中第一个就是"甲子"，最后一个是"癸亥"，一个循环为六十，然后进入下一个甲子，故后来可以将六十岁的年龄称为"花甲之年"。由天干第一位引申出动词用法，表示居于首位的，如"桂林山水甲天下"的意思就是桂林山水风光之美可以称得上天下第一。在旧时，头号的世家大族被称为"甲族"，科举第一等称为"甲第"。

再来看"申"字。甲骨文作 ᒼ，金文作 ᒼ，像闪电，本义为雷电。古时常用义是舒展、展开。《战国策·魏策四》："衣焦不申，头尘不去。"意思是说：来不及舒展衣服上的褶子，顾不得洗去头上的尘土。此义后用"伸"字来表示。"申"又有陈述、说明义。《楚辞·九章》："道卓远而日忘兮，愿自申而不得。"又如《史记·孙子吴起列传》："约束既布，乃设铁钺，即三令五申之。"其中"三"和"五"是虚指，表示多次，"三令五申"就是多次命令和告诫。

此外，上海简称为"申"。这是因为战国时期上海曾经是楚国春申君黄歇的封邑。

可见，"甲"本义为首甲，引申为铠甲、外壳等，"申"本义是闪电，它们的区别还是很明显的。

67."驾"和"驽"

"驾"和"驽"是两个十分相似的字，它们都是上下结构，区别是"马"上面是"加"字还是"奴"字。那么它们有什么区别呢?

先来看"驾"字。它是一个形声字，从"马"，"加"声。《说文·马部》："驾，马在轭（è）中。"本义是驾车时将曲木套在马颈上，让马拉车。《诗经·小雅·采薇》："戎车既驾，四牡业业。"其中"戎车"即兵车，"业业"是马儿健壮的样子。说驾起兵车要出战，四匹壮马齐奔腾。又如《礼记·曲礼上》："君车将驾，则仆执策立于马前。""驾"引申为驾驶、操纵。《吕氏春秋·权勋》："龚王驾而往视之。"又如白居易《卖炭翁》："夜来城外一尺雪，晓驾炭车辗冰辙。"在天寒地冻的天气里驾车出去卖炭，卖炭翁生活的艰辛可想而知。"驾"由驾驶转指车，是古代车乘（shèng）的总称。如《后汉书·窦融传》："官属宾客相随，驾乘千余两。""两"同"辆"。"驾"也特指帝王的车。古装剧中，帝、后等人的车辇出发时，宫中内侍高呼"起驾"，告诉众人帝、后要动身了。洪升《长生殿·埋玉》："这也罢了，传旨起驾。""驾"又可作敬辞使用。老舍《骆驼祥子》："慢慢的把糖水喝完，他又看了大家一眼：'哎，劳诸位的驾！'"今"劳驾"表示烦劳他人之意。

再来看"驽"字。"驽"本指劣马。《说文》无"驽"字。《玉篇·马部》："驽，最下马也。"《楚辞·七谏》："驽骏杂而不分兮，服罢牛而骖骥。"这是汉代东方朔所作，劝谏国君应当明辨忠奸，亲贤者，远佞臣，决不能把劣马、骏马混杂在一起而不分，致使老牛车在中间行驶，骏马却跟随在后。"驽"也比喻人无才能。《史记·廉颇蔺相如列传》："相如虽驽，独畏廉将军哉！"大意是：我蔺相如虽然无能，难道会害怕廉将军吗！与此义相关的词语还有"驽将"，指才能低劣的将领，"驽钝"指资质平庸低下等。

"驾"指把车套在马身上，而"驽"指劣马。这两个字本义是不同的。

68."间"和"问"

　　"间"和"问"都是常用字，它们看起来相似，区别在于"门"里面是"日"还是"口"。那么它们之间有哪些不同呢?

　　先说"间"字。繁体字作"間"。《说文》没有"间"字，"间"为"閒"的俗体。金文作闁，表示两扇门之间有缝隙，从门内可以看到月亮。小篆作閒，月亮在门内。《说文·门部》："閒，隙也。从门，从月。""隙"同"隙"。段玉裁注："门开而月入，门有缝而月光可入，皆其意也。"本义指缝隙，读 jiàn。《史记·管晏列传》："晏子为齐相，出，其御之妻从门间而窥其夫。"晏子为齐相时，有一天外出，车夫的妻子从门缝里偷看她的丈夫。"间"由缝隙引申为空隙。《庄子·养生主》："彼节者有间。"又引申指人与人之间的隔阂、嫌隙。《左传·昭公十三年》："叔向曰:'诸侯有间矣!'"又有间隔义。《汉书·韦玄成传》："间岁而祫。"说隔一年举行一次大合祭。又如陶渊明《桃花源记》："自云先世避秦时乱，率妻子邑人，来此绝境，不复出焉，遂与外人间隔。"

"间"又引申为中间，读 jiān。《论语·先进》："千乘之国，摄乎大国之间。"一个拥有千乘兵车的中等国家，处在大国之间。"间"还作量词，用于房屋。杜甫《茅屋为秋风所破歌》："安得广厦千万间？"《水浒传》第八十回："前后搭盖茅草厂屋，有二三百间。"

再看"问"字。繁体字作"問"。甲骨文作問，小篆作問。《说文·口部》："问，讯也。从口，门声。"本义是询问。如《左传·隐公元年》："颍考叔为颍谷封人，闻之，有献于公。公赐之食。食舍肉。公问之，……颍考叔曰：'敢问何谓也？'公语之故，且告之悔。"又如《论语·八佾》："子入太庙，每事问。""问"由问询引申为送礼。《诗经·郑风·女曰鸡鸣》："知子之顺之，杂佩以问之。""问"又引申为追问、查究。《左传·僖公四年》："昭王南征而不复，寡人是问。""问"由追究、查问又引申为管、干预，如"不闻不问"指既不听也不管，形容对事情漠不关心。

可见，"间"是个会意字，其中"门"是表意的；而"问"是形声字，其中"门"只是声符，"口"是表意的，张口表示询问。这样两个字就好分辨了。

69. "件"和"仵"

"件"和"仵"这两个字很像，不同在于右边是"牛"还是"午"。那么如何来区分"件"和"仵"呢？

先来看"件"字。《说文·人部》："件，分也。从人，从牛。牛，大物，故可分。"按许慎的说法，"件"本义为分解、分割。不过此义罕见用例。"件"后引申作量词，用于分出来的个体。《旧唐书·刑法志》："一状所犯十人以上，所断罪二十件以上，为大。"这里的"件"就是"罪"的量词。"件"连用构成叠词"件件"，是每一件的意思。《水浒传》第一回："史进十八般武艺……多得王进尽心指教，点拨得件件都有奥妙。"日常生活中我们也常说"一件衣服""几件事"等。

现代汉语中，"件"作名词构词成分，表示该名词是可以一一计算的事物，如"案件""部件""附件""事件""邮件""证件"等。"件"在陶瓷生产中有特殊含义，是陶瓷传统的计量单位，就像书画中的"平尺"。件大，陶瓷体积就大；件小，陶瓷体积就小。

"仵"是一个形声字，从"人"，"午"声。"仵"义为违逆、违背。《管子·心术上》："自用则不虚，不虚则忤于物矣。"又为同。《庄子·天下》："以坚白同异之辩相訾，以觭偶不仵之辞相应。"这句话批评墨家子弟，说他们用"坚白""同异"等话题彼此争辩，相互诋毁，用奇数、偶数不一致的言辞相互应答。

旧时以检验死伤、代人殡葬为业的人称"仵作"，属三十六行之一。那么，仵作和今天的法医一样吗？严格来说，仵作跟今天的法医有所区别。仵作属于吏，一般出身卑贱，刑事案件发生后，验尸官和仵作要一同前往，验尸官不动手，仵作具体做事，并向验尸官报告所看到的情况，最后由验尸官写成验尸报告，签字负责。而今天的法医则是两者的结合。

可见，两个字虽然都从"人"，但"件"是会意字，"牛"在其中表意，而"仵"中的"午"只是声旁。

70."今"和"令"

　　"今"和"令"的区别是"令"比"今"多了一个点，那么它们的形义有关联吗？我们来追溯一下这两个字的来源。

　　"今"，甲骨文作𠓱，像一个倒"口"形，下加一短横，以示口吟之意。小篆作今，下部的折笔向左逆。裘锡圭《文字学概要》："'今'大概是'吟'（噤）的初文，本义是闭口不作声。"此义后被"吟"字承担。《说文·亼部》："今，是时也。""今"的常用义是现在。《尚书·汤誓》："今朕必往。"又如柳宗元《捕蛇者说》："曩（nǎng）与吾祖居者，今其室十无一焉。"说从前和"我"祖父同住在这里的，现在十户当中已经剩下不到一户了。引申指现代，与"古"相对。《孟子·梁惠王下》："今之乐，犹古之乐也。"

　　"令"字甲骨文作𠆥，上面是"亼"，古"集"字，下面像一个跪跽之人，合起来表示集合众人发布命令。《说文·卩部》："令，发号也。"本义是发出命令。《诗经·齐风·东方未明》："倒之颠之，自公令之。"说天还没亮，

155

命令就已经下达，官差即来催促起床，以致可怜的役夫们在忙乱中把两手伸进裤管，把两脚蹬进袖筒，上下衣裳竟然穿颠倒了。"令"可作名词，指命令。《史记·司马穰苴列传》："将在军，君令有所不受。"古代将领必须听从君主的命令，但是若远征在外领军打仗，可不受君命约束，不必事事请示或等待君主的命令。古代政府的主管部门也可以发号施令，所以"令"又用于官名，如"郎中令""中书令"等。春秋战国时期，楚国设"令尹"为最高官职，掌军政大权，相当于宰相。秦汉时，若该县满万户，则县长称"令"，不满则称"长"。

古人认为不同时节应实施不同政令，以顺应时节变化，故按季节制定有关农事的政令称"时令"。《礼记·月令》："仲春行秋令，则其国大水，寒气总至。"说仲春如果执行秋天的命令，国内将有大的水灾，寒气也会突然降临。

"令"还有善、美义。《论语·学而》："巧言令色，鲜矣仁。""巧言令色"是话说得很动听，脸色装得很和善，这样的人很少有诚意。"令"也引申为敬辞，尊称对方亲属，如"令爱""令郎""令妹""令侄"等。

看到这里，大家对"今"和"令"已有所了解。它们看似仅有一个点的区别，实则起源不同，意义不同。"今"本义为吟，常用义指现在；"令"本义为发令，引申出命令、时令、官名等义。

71. "井" 和 "开"

　　"井"和"开"看起来很像，区别在于左边的"丿"和右边的"丨"露不露头。它们为什么会有这样的差异呢？

　　"井"，甲骨文作井，像一口方形的井，四周是井沿的围栏。金文或作井，在"井"的中间加了一个点，表示这是水的所在。小篆作井，字形与金文相同。隶变后作井，演变为楷书"井"。本义是水井。《周易·井》："改邑不改井。"说改造城邑而不改动水井。

　　"井"由水井义引申为形似水井的东西，如"盐井""矿井""油井"等。"井田"是我国古代社会的一种土地制度。当时道路和渠道纵横交错，人们把一里见方的土地划为九个区，八家各分一区耕作，中央为公田，形如"井"字，由此得名。人们生产生活都离不开水，有水井的地方就有人居住。《说文·井部》："井，八家一井。""井"又引申指人口聚居的地方或乡里，如"井里""市井""背井离乡"等。两"井"连用构成叠词"井井"，是整齐、有条理的意思。《荀子·儒效》：

"井井兮其有理也。"后有成语"井井有条"，一般用来形容做事情有条不紊。

再来看"开"。《说文》古文作闁，外面像两扇门，中间一横表示门闩（shuān），造字意图是用双手拉动门闩开门。小篆作開。《说文·门部》："开，张也。"本义为开门。《墨子·号令》："晨见，掌大鼓纵行者，诸城门吏各入请籥（yuè），开门已，辄复上籥。"后泛指打开、拓展。《韩非子·有度》："荆庄王并国二十六，开地三千里。""开"又引申指开放，即处于打开的状态。岑参《白雪歌送武判官归京》："忽如一夜春风来，千树万树梨花开。"这两句诗描写的是一个冬天清晨的奇丽雪景，仿佛春风吹来，千树万树梨花盛开了一样。"开"由打开引申为开辟、开创。《周易·师》："大君有命，开国承家。"

可见"井"是一个象形字，指水井；而"开"是从"開"简化而来，义为开门。简化导致了"开"与"井"形近，两个字的意义和用法都不相同。

72.“竞”和“竟”

　　“竞”和“竟”十分相似，区别在于“口”里面有没有那一横。没有横的是“竞赛”的“竞”，有横的是“竟然”的“竟”。那么这一横为什么有这样的作用呢？

　　“竞”，繁体字作“競”，本义是角逐、比赛。《诗经·商颂·长发》是一首记述殷商起源、歌颂商汤功德的长篇颂诗。商的开国君主成汤奉行天意，温厚施政，他“不竞不絿（qiú），不刚不柔”。既不争斗也不松懈，既不过于刚硬也不过于柔和，最终得到上天眷顾。“竞”的竞争义在现代汉语中也很常见。如“竞赛”指体育、生产等活动中的比赛；“竞走”则是一项田径运动，要求两腿交互迈步前进，两脚不得同时离地。

　　“竞”引申有强劲义。《左传·僖公七年》：“心则不竞，何惮于病？”“竞”还可以作副词，争着。《楚辞·离骚》：“众皆竞进以贪婪兮。”

　　再来看“竟”字。《说文》把它归入“音”部，认为“竟”与音乐有关。《说文·音部》：“竟，乐曲尽为竟。”本义指乐器演奏结束，又泛指终了、完结。《诗经·大

159

雅・瞻卬》："谮（zèn）始竟背。""谮"指进谗言，"竟"是终了，"背"指违背、自相矛盾，这句话是说谗言总是前后自相矛盾。

"竟"引申指国土的尽头、边境。《左传・庄公二十七年》："卿非君命不越竟。"此义后作"境"。

"竟"还指从头到尾，表示周遍。《史记・酷吏列传》："吴楚已破，竟景帝不言兵。""竟景帝"指整个景帝一朝。与此义相关的词语还有"竟日"，是从早到晚、终日，"竟夜"则指整夜。

"竟"还可作副词，引申为终究、终于，表示最终。《后汉书・耿弇传》："将军前在南阳，建此大策，常以为落落难合，有志者事竟成也。"因为结果有时会出人意料，所以"竟"又引申为居然，表示出乎意料，如"竟然"。冰心在《寄小读者》中写道："上帝！它竟然不走。"曹禺《北京人》第二幕："文清吓昏了头，昏沉沉地竟然拿着烟枪走出来。"

看到这里，大家对"竞"和"竟"的来源就大致了解了。它们虽只差了一横，但是意义和用法完全不一样。"竞"只有竞争这一个含义，而"竟"义项较多，最常用的是作副词，表示出乎意料。

73."灸"和"炙"

"灸"和"炙"这两个字很像，它们都是上下结构，下面都有一个"火"字。它们之间有什么区别呢？

"灸"，小篆作灸。《说文·火部》："灸，灼也。从火，久声。"许慎说"灸"义为烧灼。这是中医的一种疗法，用艾火烧灼身体。《庄子·盗跖》："丘所谓无病而自灸也。"又泛指烧灼。《后汉书·光武帝纪下》："敢灸灼奴婢，论如律。""灸"作动词，有支撑义。如《周礼·考工记·庐人》："灸诸墙，以眡（shì）其桡之均也。"庐人善于制作长兵器的柄，检验所制之柄是否合格的标准之一就是将柄撑在两墙之间，以观察它弯曲是否均匀。

"炙"，小篆作炙。《说文·炙部》："炙，炮肉也。从肉在火上。"本义是把肉放在火上烤。《诗经·小雅·瓠叶》："有兔斯首，燔之炙之。"说野兔肉又鲜又嫩，熏烤它制成佳肴供客人享用。北魏贾思勰著《齐民要术》有《炙法》一节，记录了各种可以炙烤的动物以及相应的炙烤方法。成语"炙手可热"的字面意思是手一靠近就觉得热，后比喻位高权重。杜甫《丽人行》："炙手可热势绝伦，慎莫近前丞相嗔。"大意是：杨家权重位高，无人能与之相比；你千万不要走近，以免惹得丞相生气。

"炙"还作名词，指烤肉。《孟子·尽心下》："脍炙与羊枣孰美？""脍"是细切的肉，"羊枣"是一种果子。公孙丑问他的老师孟子："您觉得烤肉和羊枣，哪一样更好吃呢？"孟子回答道："当然是烤肉好吃，没有哪个人不爱吃烤肉。"烤肉在古时候叫"脍炙"，"脍炙人口"是说美味人人都爱吃，引申指好东西人人都称赞。

说到这里，大家对"灸"和"炙"的来源就有所了解了。"灸"是形声字，指中医的一种疗法，其中"久"是声符；"炙"是会意字，指烤肉，上面是"肉"。

74. "酒"和"洒"

"酒"和"洒"是两个形近且又常用的字，区别是"酒"的右边是"酉"，"洒"的右边是"西"。如何辨析这两个字呢？

先来看"酒"字。《说文·酉部》："酒，就也，所以就人性之善恶。从水、从酉，酉亦声。一曰造也，吉凶所造也。古者仪狄作酒醪，禹尝之而美，遂疏仪狄。杜康作秫（shú）酒。"许慎关于酒的解释有点令人费解。他是从酒与人性的关系角度阐释的，并非对酒本身的解说。《诗经·大雅·既醉》："既醉以酒，既饱以德。"又用为动词，喝酒。《韩非子·说林上》："常酒者，天子失天下，匹夫失其身。"关于酒的起源有多种说法，许慎记录了其中的两个。相传杜康发明了酒，后来"杜康"被用来代指酒。三国时期，曹操作《短歌行》："慨当以慷，忧思难忘。何以解忧？唯有杜康。"

"酒"又指酒席、酒筵。如《史记·燕召公世家》："燕王命相栗腹约欢赵，以五百金为赵王酒。"

再来看"洒"。"洒"读 xǐ，义为洗涤。《说文·水部》：“洒，涤也。从水，西声。古文为灑扫字。”《左传·襄公二十一年》：“在上位者洒濯其心，壹以待人。”“洒”读 sǎ 时，同“灑”。《说文·水部》：“灑，汛也。从水，麗声。”“灑”本义指洒水。《诗经·唐风·山有枢》：“子有廷内，弗洒弗扫。”其中就用了“洒”。《礼记·内则》：“灑扫室堂及庭。”其中用的是“灑”。今“灑”简化为“洒”，“洒”的洗涤义也不再使用。引申指东西散落。《礼记·内则》：“屑桂与姜，以洒诸上而盐之。”

“洒”还引申指不受拘束。如“潇洒”指自然大方、无拘无束。“潇洒”也可以形容雨落的样子。韦应物《夏夜忆卢嵩》：“不知湘雨来，潇洒在幽林。”“洒”在宋元时期的方言中还是男性的自称。《水浒传》第四回：“智深道：‘胡乱借洒家歇一夜，明日便行。’”这里的“洒家”便是鲁智深的自称。

“洒”与“灑”在《说文》中是两个字，不过典籍中两个字常通用，都有 xǐ 与 sǎ 两个读音，都有洒水、洗涤义。今《通用规范汉字表》中，“洒”只有 sǎ 一个读音，是“灑”的简化字。

可见，区别“酒”与“洒”这两个字的关键在于：“酒”中的“酉”本指酒坛，加“水”表示液体；今“洒”是“灑”的简化字，义为洒水，“西”只是声符，没有表意作用。

75.“雎”和“睢”

　　汉字中的“雎”和“睢”非常像，容易混淆。两字的区别在于左边是“且”还是“目”，它们的差别还要从字源谈起。

　　“雎”读作 jū，小篆作𪁪，左边是“且”，右边是“鸟”。隶变后作“雎”字，小篆中的“鸟”换成了“隹”。《说文》说“雎”就是“王雎”，是一种鸟。因其头顶的冠羽看起来颇具王者气度与风范而得名，古人也称其为“雎鸠”。《关雎》是《诗经》中的第一篇，首章便以“关关雎鸠，在河之洲”开头。“关关”是雌雄二鸟应和的叫声，作者以雎鸟相向和鸣，相依相恋，兴起淑女配君子的联想。“雎”也出现在其他文学作品中，如汉代扬雄《羽猎赋》：“王雎关关，鸿雁嘤嘤。”又如张衡《归田赋》：“王雎鼓翼，鸧鹒哀鸣；交颈颉颃，关关嘤嘤。”

　　了解了“雎”字，再来看“睢”字。“睢”读作 suī。《说文·目部》：“睢，仰目也。从目，隹声。”按照许慎的说法，“睢”本义为仰目。“睢”作形容词可连用构成

165

叠词"睢睢"，是抬头向上看的样子。《汉书·五行志》："（雉）飞集于庭，历阶登堂，万众睢睢，惊怪连日。"雉鸟在博士行礼之日飞聚到庭院，沿阶梯升到厅堂，引得众人纷纷仰视。

"睢"又构成联绵词"恣睢"，形容放纵、暴戾的样子。《史记·伯夷列传》："暴戾恣睢，聚党数千人，横行天下。"春秋时期，齐鲁交界的柳下村成为诸侯战争的兵源地，展跖（zhí）为逃避兵役，组织人马攻占启阳城，而后又占领鄪城，官宦们闻风丧胆，把展跖视为眼中钉、肉中刺，污蔑他为"盗跖"，用"暴戾恣睢"形容他任意做坏事。

"睢"作名词用于地名和水名。"睢水"发源于河南，入淮水。今河南省有睢县，古为睢州，以水经睢口而得名。

说到这里，"雎"和"睢"的来源就清楚了。"雎"是一种鸟，且只有这一个含义；"睢"从"目"，故与仰视有关。

76. "沮" 和 "泪"

"沮"和"泪"十分相似,区别在于右边是"且"还是"目"。它们虽然字形相近,但音义却完全不同。

先来看"沮"字。《说文·水部》:"沮,水。出汉中房陵,东入江。从水,且声。""沮"在《说文》中是河流名,读作 jū。沮水是古雷夏泽(湖泊名)的重要水源之一。《尚书·禹贡》:"雷夏既泽,灉沮会同。"

"沮"又有阻止的意思,读 jǔ。《墨子·尚同中》:"赏誉不足以劝善,而刑罚不足以沮暴。""沮"也引申指败坏、毁坏。《韩非子·二柄》:"任贤,则臣将乘于贤以劫其君;妄举,则事沮不胜。"韩非子在这句话中讲到君主有两种潜在祸患:任用贤人,臣下就会依仗贤能来威逼君主;随便推举,就会败坏事情而不能成功。"沮"又指诋毁。司马迁《报任安书》:"明主不晓,以为仆沮贰师,而为李陵游说。"李陵被敌军围困,贰师将军李广利并未率主力救援,致使李陵兵败。其后司马迁为李陵辩解,武帝却认为他有意诋毁李广利。"沮"又特指受挫而颓丧消沉。如杜甫《观公孙大娘弟子舞剑器行》："观者如山色沮丧，天地为之久低昂。"

再来看"泪"字。"泪"是"淚"的异体字。"淚"为形声字，从"水"，"戾"声；"泪"为会意字，从"水"，从"目"。"泪"本义是眼泪。先秦时期眼泪称"涕"。《左传·襄公二十三年》："哭甚哀，多涕。"汉代开始使用"泪"字。《史记·刺客列传》："高渐离击筑，荆轲和而歌，为变徵之声，士皆垂泪涕泣。"荆轲要去刺杀秦王，众人在易水边为荆轲送行。高渐离敲着筑，荆轲和着节拍唱歌，发出悲凉的声音，众宾客都流泪哭泣。"涕"后有鼻涕义。不过书面语中仍常以"涕"指泪，如"涕泪""涕零"等。杜甫《野望》："海内风尘诸弟隔，天涯涕泪一身遥。"这首诗是诗人流落至成都时所作，那时海内外战火不断，兄弟家人因此流散，失去音信。诗人怀念家国，不禁涕泪横流。"泪"也引申指某些形似眼泪的东西。李商隐《无题》："蜡炬成灰泪始干。"这里的"泪"指蜡烛燃烧时滴落的蜡烛油。

可见，要分清"沮"和"泪"，关键是了解"沮"中"且"只是声符，而"泪"中"目"是表意的，指眼睛。

77.“卷”和“券”

“卷”和“券”是两个容易混淆的常用字，那么如何区别它们呢？

先来看“卷”字。《说文·卩部》：“卷，厀（膝）曲也。从卩，关（juàn）声。”“卷”指膝关节，读 quán。引申为曲、曲折。《诗经·大雅·卷阿》：“有卷者阿，飘风自南。”引申指头发卷曲。《诗经·小雅·都人士》：“彼君子女，卷发如虿（chài）。”虿是蝎类的一种。长尾曰“虿”，短尾曰“蝎”。句中的“卷”形容发式向上卷翘，如蝎尾一样，这个意义也作“鬈”。

“卷”引申作动词，指弯曲成圆卷形。《诗经·邶风·柏舟》：“我心匪席，不可卷也。”此义读 juǎn，后作“捲”，汉字简化时“捲”又简化作“卷”。“卷”又引申指裹挟、用强力推动。成语“卷土重来”形容失败或遭到挫折后重新组织力量反击，杜牧《题乌江亭》：“胜败兵家事不期，包羞忍耻是男儿。江东子弟多才俊，卷土重来未可知。”诗人感叹项羽当年若没自杀身亡，而是渡江积蓄力量，再与刘邦较量，那么谁胜谁负尚且难说。"卷"由此又引申指成卷的东西，如"蛋卷儿""行李卷儿"等。

"卷"作名词指书卷，读 juàn。书分若干部分，每一部分为一卷。《法言·学行》："一卷之书，不胜异说焉。"成语"手不释卷"指手里总是拿着书，形容用功好学。"卷"由书卷义又引申为现在常说的"试卷""案卷"等。

再来看"券"字。"券"读 quàn。《说文·刀部》："券，契也。从刀，关声。"从刀，表示用刀将其一分为二，"关"表声。"券"本义是凭据。古代的"券"分为两半，双方各执其一，作为凭证。《战国策·齐策四》："使吏召诸民当偿者悉来合券。"说冯谖派官吏把需要偿还债务的百姓找来核验契据。后来"券"泛指字据。"左券"是券契的左边一半，通常由债权人收执，是索偿的凭证。后来用"操左券"比喻做事有把握。与之意义相近的还有"稳操胜券"。

"卷"在"卩"部，本义与膝盖有关，引申出卷曲等义；而"券"从刀，是一分为二的契据。这样记就清楚了。

78."困""囷"和"团"

"困""囷""团"这三个字很像，它们外面都是"囗"，区别在于里面的部件不同。这三个字有什么不同呢？

这三个字都有一个"囗"（wéi）字。"囗"是一个部首，小篆作囗，与之有关的字大都有环绕义，"困""囷""团"这三个字也不例外。下面我们来一一了解。

首先看"困"字。《说文·口部》："困，故庐也。从木在囗中。"许慎用"故庐"解释"困"，未见用例。典籍中"困"的常用义为艰难、窘迫。《礼记·中庸》："事前定则不困。""困"引申可指经济贫乏、精力不足。《吕氏春秋·慎大》："出拘救罪，分财弃责，以振穷困。"周武王灭商后，一边释放被拘禁之人，挽救犯罪之人，一边分发钱财，免除债务，救济贫困。白居易《卖炭翁》："牛困人饥日已高，市南门外泥中歇。"卖炭翁很早就赶着牛车出来卖炭了，一顿忙活后，牛也累，人也饿，但此时太阳已升得很高，他只能将就着在集市南门外的泥泞中歇息。

今"困"可表示疲乏想睡觉之义。这个意义本作"睏","睏"简化后作"困",导致了两个词成为同形字。

再来看"囷"字。"囷"读 qūn，"囗"与"禾"组合起来表示圆形粮仓。《说文·囗部》："囷，廪之圆者。"《礼记·月令》中就有修囷仓的记载。《韩非子·初见秦》："今天下之府库不盈，囷仓空虚。""囷"也可作动词，指聚集、聚拢。魏源《城守篇·守备下》："其有大树及竹木囷积者，皆攻城之具也。"

最后来看"团"字。繁体字作"團"，"囗"是形旁，"專（专）"是声旁。《说文·囗部》："团，圜也。"本指圆形的。吴均《八公山赋》："桂皎月而常团，云望空而自布。"团扇，又称"宫扇""纨扇"，是一种圆形有柄的扇子，代表着团圆友善、吉祥如意。"团"作动词，引申指聚会。"团圆"一词出自杜甫《又示两儿》："团圆思弟妹，行坐白头吟。"

"团"还指若干人聚在一起形成的某种团体或组织，如"歌舞团""青年团""慰问团""考察团"等。"团"还用于军队编制，隶属于师。"团"又可作量词。陆游《岁暮·又》："啖饭著衣常苦懒，为谁欲理一团丝？"今天我们会用"一团糟"描述一件做得一塌糊涂的事，也用来形容房间里东西摆放得很混乱，如"房间一团糟"。

79. "蓝"和"篮"

　　"蓝"和"篮"这两个字读音一样，字形也相近。很多人在使用中常常分不清楚该用"蓝"还是"篮"，那么"蓝"和"篮"有什么区别呢?

　　先来看"蓝"字。《说文·艸部》:"蓝，染青草也。从艸，监声。""蓝"是一种草本植物，本义为蓼蓝，可从中提取染料。《诗经·小雅·采绿》:"终朝采蓝，不盈一襜（chān）。""襜"是护裙，用于盛放采集之物。女主人公在外采蓼蓝，但是因为思念离家在外的丈夫，心不在焉，一整天连一衣兜也没采满。又如《荀子·劝学》:"青，取之于蓝而青于蓝。"靛青是从蓝草里提取的，却比蓝草的颜色更青。成语"青出于蓝"就出于此，一般用来比喻学生超过老师。因为提取出的靛青可以染色，于是"蓝"也指蓝色。杜甫《金华山》:"上有蔚蓝天，垂光抱琼台。"诗中的"蔚蓝"指晴朗天空的蓝色。

　　有个联绵词"蓝缕"，意思是衣服破旧。其中的"蓝"不能写成"篮"。《左传·宣公十二年》:"筚路蓝缕，以启山林。""筚路"指柴车，这句话是说:驾着柴

173

车，穿着破衣服，向山林进发。后来这一成语用于比喻创业之初的艰难。

再来看"篮"字。《说文·竹部》："篮，大篝也。从竹，监声。"按照许慎的说法，"篮"是熏笼。不过这一意思未见用例。"篮"的常用义是竹篮子。白居易《放鱼》："晓日提竹篮，家童买春蔬。青青芹蕨下，叠卧双白鱼。无声但呀呀，以气相煦濡。"一大清早，诗人和家童就挎着竹篮出去买菜，路上遇到两条被卖家放在地上的白鱼，正互相吐着白沫，奄奄一息。"一时幸苟活，久远将何如？怜其不得所，移放于南湖。"此时恰逢诗人仕途失意，谪居江州，所以不免有共情之处，于是将这两条白鱼买下，放生于南湖。寒山《我见瞒人汉》："我见瞒人汉，如篮盛水走。一气将归家，篮里何曾有？"成语"竹篮打水一场空"出自于此。现在人们用这个成语比喻做事方法不合适，劳而无功。篮球是深受大众喜爱的一项体育运动，由于球架上投球用的网状圈似竹篮，故称"篮球"。

古时还有一种竹轿子，称为"篮舆"，简称"篮"。白居易《再授宾客分司》："乘篮城外去，系马花前歇。"

说到这里，大家对"蓝"和"篮"的来源就清楚了。"蓝"字上边是草字头，表示一种颜色；"篮"字上边是竹字头，表示一种筐子。大家在使用中要注意区分，不要混淆。

80. "老"和"考"

　　"老"和"考"都是常用字，它们看起来相似，区别在于下面是"匕"还是"丂"（kǎo）。它们之间还有哪些不同呢？

　　"老"是一个象形字，甲骨文作 𦓐，像一位驼背的老人拄拐杖而行。小篆作 𦒱，老人手里扶着的拐杖变成了"匕"。《说文·老部》："老，考也。七十曰老。从人、毛、匕。言须发变白也。凡老之属皆从老。""老"本义指年老，与"少""幼"相对，作名词指老人。《论语·季氏》："及其老也，血气既衰，戒之在得。"又如《后汉书·马援传》："丈夫为志，穷当益坚，老当益壮。"王莽当政时期，心怀仁慈的马援因放走哭泣的犯人丢了官，逃到边区垦田、畜牧，积累了不少财富。他常说："男子汉大丈夫，应该有远大志向。越穷越坚强，越老越健壮。""老"由年岁大引申为时间长、经验丰富。《国语·晋语一》："既无老谋，而又无壮事。"成语"老谋深算"本指筹划周密、打算深远，现在用来形容人办事精明老练。

"老"由年岁大、时间长又引申为经常、程度高。杜甫《复愁十二首》其四："年深荒草径，老恐失柴扉。"又如"老羞成怒"。今可用"老好看了"描述一件漂亮的衣服，用"老好吃了"形容一道美食等。

　　"老"是一个部首字，从"老"的字多与年老有关，如"耄"（mào）、"耋"（dié）、"姥"、"耆"（qí）、"耇"（gǒu）等。当"老"用作词缀时则与年龄无关，如"老虎""老鼠"。

　　在甲骨文和金文中，"考"和"老"是同一个字，均是一个长发老人倚杖之形。《说文·老部》："考，老也。从老省，丂声。"本义也是年老。毛公旅方鼎："是用寿考。"蔡侯尊："不讳寿考。""寿""考"二字皆为长寿、年老之义，这里属于同义连用。在西周金文和《诗经》中，"考"字最常见的用法是对去世父亲的称呼，如"祖考""皇考""烈考"之类。《礼记·曲礼下》："生曰父，曰母，曰妻；死曰考，曰妣，曰嫔。"屈原在《楚辞·离骚》中写道："朕皇考曰伯庸。"说诗人已故的父亲名叫"伯庸"。

　　"考"又表示敲击。这个意义本应写作"攷"。《说文·攴部》："攷，敏（kòu）也。""敏"指敲击。《庄子·天地》："故金石有声，不考不鸣。"钟磬之类的乐器虽然可以发出声音，但是不去敲击，就不会响。"考"又假借为"核"，表考察。司马迁《报任安书》：

"网罗天下放失旧闻，略考其行事。"后"考核"连用。"考"还引申有推求、研究义，如"考古""考证""思考"等。

可见，"考""老"都表示年老，不过"考"后来主要用于假借义，即考察、考核等。

81."冷"和"泠"

　　"冷"和"泠"是两个十分相似的字，但它们的读音和意义都不同。"寒冷"的"冷"只比"泠风"的"泠"少了一个点而已，为什么一点之异就是两个不同的字呢？

　　先来看"冷"。《说文·仌部》："冷，寒也。从仌（bīng），令声。""仌"像冰块凸起的形状，表意；"令"表音。"冷"本义是温度低，与"热"相对。《庄子·则阳》："夫冻者假衣于春，暍（yē）者反冬乎冷风。""暍"义为中暑。白居易《长恨歌》："鸳鸯瓦冷霜华重，翡翠衾寒谁与共？"这两句诗写唐玄宗对杨贵妃的思念：宫室的屋顶上又落满了霜华，透着寒意，连鸳鸯瓦也被白霜覆盖，冰冷的翡翠被里谁与君王同眠？"冷"由寒冷引申指冷淡、冷漠。如"冷若冰霜"用来比喻待人接物毫无感情，像冰霜一样冷。"冷静"则指能控制自己的情感，不感情用事。如《元曲选·关汉卿〈杜蕊娘智赏金线池杂剧〉》第三折："俺则这等吃酒，可不冷静。"

　　再来看"泠"字。"泠"读作 líng。典籍中"泠"可形容轻妙。《庄子·逍遥游》："夫列子御风而行，泠然善也。""泠"又指水清貌，引申指清凉。《玉篇·水部》："泠，清也。"李白《登太白峰》："愿乘泠风去，直出浮云间。"其中"泠风"是清风的意思。"泠"也指声音清冽。陆机《文赋》："文徽徽以溢目，音泠泠而盈耳。"这句话的意思是：文采富丽耀眼夺目，情调凄婉如乐器和弦。

"泠"作名词是水名。《说文·水部》："泠，水。出丹阳宛陵西，北入江。""泠"也是桥名，如"西泠"是杭州西湖的桥名，有对联"千载芳名留古迹，六朝韵事著西泠"，此处也是南齐著名歌妓苏小小的魂断之处。这里还有蜚声海内外的西泠印社，该社创立于清朝光绪三十年（1904 年），是我国现存历史最悠久的文人社团，也是海内外成立金石篆刻专业最早的学术团体。

看到这里，大家对"冷"和"泠"的区别就比较清楚了吧。还要注意从两点"冫"（古"冰"字）的汉字多与寒冷有关，如"凉""冰""凛""冽"等；从三点水"氵"的则与水相关。

82."历"和"厉"

　　"历"和"厉"是两个相似的字，区别在于"厂"下面是"力"还是"万"。它们有哪些不同呢？

　　"历"由两个不同的繁体字简化而来：一个是"历史"的"历"，繁体字写作"歷"；另一个是"日历"的"历"，繁体字写作"曆"。

　　先说"歷"字。甲骨文作𥠹，上面像两束间隔均匀的禾苗，下面是一只脚，正走向禾苗。小篆作歷，在原有字形的外面加了一个"厂"（hǎn）。《说文·止部》："歷，过也。从止，厤声。""历"本义是经过、经历。《尚书·毕命》："既历三纪，世变风移。"今有所谓个人"履历"之说。"历"引申指经过的，如"历次""历代""历来"等。由此"历"还引申为逐一地。《汉书·邹阳传》："邹鲁守经学，齐楚多辩知，韩魏时有奇节，吾将历问之。"又如"历览"的意思是遍览、逐一地看。

　　"历"作形容词表示清晰可见。左思《娇女诗》："小字为纨素，口齿自清历。"崔颢《黄鹤楼》："晴川历历

180

汉阳树，芳草萋萋鹦鹉洲。"

　　再来谈"曆"字。"曆"是"歷"的后起分化字。专门用来表历法义。《汉书·律历志上》："历数之起上矣。"古人通过观察太阳运行规律知晓季节时令变化，故太阳与古人心中的"时"紧密相关，于是有了从"日"的"曆"字。值得注意的是，典籍中"歷"与"曆"有时可通用。它们现在都简化为"历"。

　　"厉"，繁体字作"厲"。《说文·厂部》："厉，旱石也。"本义是磨刀石。《诗经·大雅·公刘》："取厉取锻。"此义后作"砺"字。在磨刀石这个意义上，"厉""砺"为古今字。"厉"引申作动词，表示使锋利。如《左传·哀公十六年》："胜自厉剑。"又如《左传·僖公三十三年》："郑穆公使视客馆，则束载、厉兵、秣马矣。"

　　"厉"由磨砺引申为抽象的勉励、激励，这个意义后来造"励"字分担。"厉"还有严肃义，如"声色俱厉"。又为凶猛、猛烈，如"凄厉"。

　　看到这里，大家对"历"和"厉"的不同就有所了解了。它们读音一样，看着也相似，但是意义和用法都完全不同。它们今天字形相近是繁体字简化导致的。

83. "栗" 和 "粟"

　　"栗"和"粟"的区别在于字形下半部分是"木"还是"米"，从"木"为"栗"，从"米"是"粟"。那么如何去辨析这两个字呢？

　　"栗"，甲骨文作🌰，像一棵长着毛栗子的树。小篆作🌰，隶变后作"栗"。《说文·卤（tiǎo）部》："㮚（栗），木也。"本义是栗树，一种落叶乔木。《诗经·鄘风·定之方中》："树之榛、栗，椅桐梓漆，爰伐琴瑟。"说楚丘宫庙周围种植了榛、栗，还种植了椅、桐、梓、漆，这四种树长成后都是制作琴瑟的好材料。"栗"又指栗子。杜甫《从驿次草堂复至东屯二首》其二："山家蒸栗暖，野饭射麋新。"

　　"栗"还指畏惧发抖。《论语·八佾》："夏后氏以松，殷人以柏，周人以栗，曰使民战栗。"说夏禹时代，立社种树以松为标记，殷商时代以柏为标记，到了周代，便改种栗树。"栗"含有战栗的意思。此义后造"慄"字承担，在"栗"的左边加了一个"心"旁。

　　再来看"粟"字。《说文·卤部》："㮚（粟），嘉谷实也。""粟"本指禾、黍的籽粒，加工后其皮称为"糠"，可食的仁称为"米"。《吕氏春秋·审时》："是以得时之禾，……其粟圆而薄糠，其米多沃而食之强。"又泛指谷类、粮食。如《管子·治国》："民事农，则田垦；田垦，则粟多；粟多，则国富。"说老百姓从事农业生产，荒地就能得到开垦；荒地开垦了，粮食就会增多；粮食多了，国家就会富裕。"粟"又引申出俸禄义。如《史记·伯夷列传》："武王已平殷乱，天下宗周，而伯夷、叔齐耻之，义不食周粟，隐于首阳山，采薇而食之。"又如刘向《说苑·正谏》："民有饥色，而马有粟秩。""粟秩"就是俸禄。

"沧海一粟"指大海里的一粒谷子，形容事物微小。苏轼《赤壁赋》："寄蜉蝣于天地，渺沧海之一粟。"

看到这里，大家对"栗"和"粟"的来源就有所了解了。"栗"下是"木"，为栗子树和栗子；"粟"下为"米"，泛指粮食。

84. "梁"和"粱"

　　"梁"和"粱"是两个十分相似的字，它们读音一样，字形都是上下结构，不同之处在于下面是"木"还是"米"。那么它们的意义和用法有哪些不同呢？

　　"梁"，金文作𣑳，战国文字或加"木"，作𣑲。小篆作𣑲，隶变后作"梁"。先秦"梁"指筑在水中用来捕鱼的堰。《诗经·小雅·何人斯》："胡逝我梁，不入我门？"为什么过"我"的鱼梁，却不到家里来看"我"？《说文·木部》："梁，水桥也。"许慎说"梁"本义是桥梁。曹丕《燕歌行》："牵牛织女遥相望，尔独何辜限河梁？""河梁"在这里指河上的桥。这两句诗是说：牛郎织女啊，你们到底有什么罪过而被如此隔断在银河两边？房梁横跨屋顶，与凌空架设的桥梁作用相似，所以"梁"也指屋梁，如"栋梁""偷梁换柱"等。

　　再来看"粱"字。先秦"粱"可指粟，又代指成品粮，偏指精细的小米。《说文·米部》："粱，米名也。"段玉裁注："粟中人曰米，米可食曰粱。"《左传·哀公十三年》："粱则无矣，粗则有之。""粱肉"指精美的膳食。如《管子·小匡》：“九妃六嫔，陈妾数千，食必粱肉，衣必文绣。”

黄粱是一种粟米，也称“黄小米”，原产中国北方，是古代黄河流域重要的粮食作物之一，做熟后味道香甜。有个成语“黄粱一梦”，说的是一个书生卢生的故事。卢生在一个客店遇见道士吕翁，吕翁送他一个枕头。此时店主正开始做黄粱饭，卢生等着吃饭的时候睡着了，他枕着吕道士送给他的枕头，梦到自己中了进士，做了宰相，还娶妻生子，生活美满。梦醒后，发现店家的黄粱饭都还没做熟呢。这个成语用来比喻不切实际的如意打算。

看到这里，大家对“梁”和“粱”的不同就比较清楚了。“梁”下从“木”，指桥梁；“粱”下从“米”，是粮食作物。在使用时要注意区分。

85."裸"和"裸"

"裸"和"裸"十分相似，区别在于左边是"衤（衣）"还是"礻（示）"。为什么仅有一点之异就是两个完全不同的字呢？

先来看"裸"字。"裸"是形声字，从"衣"，"果"声。《说文》中"裸"是"臝"的异体字，义为"袒也"，本义是身体袒露、没有遮掩。《左传·僖公二十三年》："曹共公闻其骈胁，欲观其裸。"随着时代发展，"裸"字有了各种抽象用法，可以表示除了自身外什么都不附带。如"裸考"，意思是高考时什么加分都没有，仅凭考试成绩争取机会。后来用于求职考试中，指没有经过任何复习和准备就去参加考试。"裸婚"是2008年在全球金融危机背景下兴起的网络词汇，《现代汉语词典》（第7版）解释为："结婚时没有房子、汽车等财产叫裸婚。""裸婚"的出现表现出对流行观念的反叛，有其现实和社会意义。

再来看"裸"字。这个字不常用，读作 guàn，左边是"示"，作偏旁时为"礻"。带"礻"的字一般都与祭祀有关，比如"神""祖"等。《说文·示部》："祼，灌祭也。"《尚书·洛诰》："王入太室，祼。""祼"是古人祭祀时将酒泼洒在地上的一种仪式，将酒浇灌在白茅上，敬献给神灵，目的是为了以美好的香气祈求神灵降临。祼礼主要有祼祭神祇和祼飨宾客两种形式。"祼祭"是将酒浇在地上，用于祭奠祖先。"祼飨"指古代君主对前来朝见的诸侯酌酒相敬。"祼"有时也作"灌"。《论语·八佾》："子曰：'禘自既灌而往者，吾不欲观之矣。'"

看到这里，大家对"裸"和"祼"的区别就很清楚了，部首"衣"和"示"的差异决定了其意义和用法的不同。

86.“卯”和“卵”

汉字中“卯”和“卵”非常相像，区别在于“卵”比“卯”多了两个点。为什么仅此两点之别就是两个完全不同的字呢？

“卯”，甲骨文作，指用牲之法，即对剖。上古居民把打猎获得的野兽或者家养的牲畜宰杀后，从中间剖开，取出内脏后，将肉切成小块烹饪食用。发展到商代，人们会将大牲剖成两半，用于祭祀，所以甲骨卜辞中常有卯几牢、卯几牛、卯几羊的记载，这都是杀牲祭祖、祭天之义。甲骨文中“卯”还可以表示地支的第四位。《说文·卯部》：“卯，冒也。二月万物冒地而出，象开门之形。”许慎用“冒”释“卯”，是声训。“卯”表示夏历二月。此时，万物破土而出，字的构形像两扇门打开状，故二月又叫“天门”。“卯”作为地支用字，除用于纪月外，还用于纪时，指早上五时到七时。古代官府规定衙役卯时到职，开始一天的工作，称作“应卯”；长官或者主事人依名册点名，称作“点卯”或“画卯”。后来人们也把到时上班应付一下差事叫作“点个卯"。如《水浒传》第二十三回："叔叔画了卯，早些个归来吃饭，休去别处吃。"

"卵"，战国楚简作^𤰕，小篆作𠂤。隶变后作卵。《说文·卵部》："卵，凡物无乳者卵生。象形。"王筠《说文释例》："卵即谓鱼卵。鱼本卵生，顾既生之卵如米，其自腹剖出者，则有膜裹之如袋，而两袋相比，故作卵以象之。外象膜，内象子之圆也。""卵"本义指雌性生殖细胞，特指鸟类的蛋。成语"危如累卵"用来比喻形势非常危险，如同堆起来的蛋，随时都有塌下摔破的可能。"卵"也引申指圆形如卵的东西，如"卵石"指被流水磨圆的石头，"卵砚"是椭圆形的砚台，"卵盐"指形如鸟卵的盐块。

看到这里，大家对"卯"和"卵"的来源就清楚了。"卯"现在多用来表示时间，"卵"与细胞、繁衍生命有关。

87. "袤"和"褻"

"袤"和"褻"是两个相似的字，区别在于中间是"矛"还是"执"。如何来辨析这两个字呢?

先来看"袤"字。《说文·衣部》:"袤，衣带以上。从衣，矛声。一曰:南北曰袤，东西曰广。""袤"的本义为长衣。段玉裁注:"此古义也，少得其证。今则后义行而古义废矣。"后来长度成为"袤"的常用义。《史记·楚世家》:"秦齐交合，张仪乃起朝，谓楚将军曰:'子何不受地? 从某至某，广袤六里。'"张仪曾受秦王指派，去楚国游说楚怀王，以割给楚六百里土地为诱饵，使楚怀王信以为真。张仪戏耍楚国使者，故作惊讶地说:"你为何还不去接管割地? 从某处到某处有六里见方呢! "白居易《庐山草堂记》:"三间两柱，二室四牖(yǒu)，广袤丰杀，一称心力。"这里的"广袤"指屋子的占地面积。作者修建的草堂有三间屋子、两根楹柱、两间卧房、四扇窗子，屋子面积大小适宜，完全称心。现在我们常用"广袤""袤远""袤延"等词形容空间开阔。

再来看"亵"字。繁体字作"褻"。《说文·衣部》："褻，私服。从衣，埶（yì）声。""亵"的本义是家居时穿的便服。《论语·乡党》："红紫不以为亵服。"孔子认为君子不能用红色或紫色的布做便服。"亵"又指内衣。《荀子·礼论》："设亵衣，袭三称，缙绅而无钩带矣。"这里介绍的是丧葬礼仪。对去世的人，先为其穿好内衣，再穿上三套配合齐全的外衣，把朝板插在腰带里，但此时已经不需要钩紧腰带的钩子了。"亵"由内衣之义又引申指亲近、熟悉。《论语·乡党》："见冕者与瞽者，虽亵，必以貌。"这里"亵"指多次见过、熟悉。"亵"由亲近义又引申为轻慢，如"亵渎"是轻慢、不尊敬之义。"亵"由轻慢引申为下流、淫秽，如"亵语"指污秽的语言。

说到这里，大家知道"裒"和"亵"最初都与衣服有关，只是"裒"现在常泛指广阔，而"亵"的常用义是不庄重的亲近。

88. "昧"和"味"

　　"昧"和"味"的不同在于左边是"日"还是"口"。不同的部首让它们有哪些区别呢?

　　"昧",金文作㫚,下面是"日",上面是"未"。小篆作㫳,变成左右结构。《说文·日部》:"昧爽,旦明也。从日,未声。一曰暗也。""昧"的本义是昏暗不明。《楚辞·怀沙》:"进路北次兮,日昧昧其将暮。"诗人一路向北,赶路投宿,此时夕阳沉沉即将落山。"昧爽"指天将亮时。《荀子·哀公》:"君昧爽而栉冠,平明而听朝。"说君王天快亮的时候就要起床整理衣冠,天刚亮的时候就要上朝听政了。与"昧爽"意义相近的词语还有"昧色""昧旦"等。"昧"由光线不明引申为心中不明、昏昧。《左传·宣公十二年》:"兼弱攻昧,武之善经也。"说兼并弱小的国家,攻打政治上昏昧的国家,是战争中的重要法则。今也用"愚昧""蒙昧"形容愚蠢而不明事理的人。

　　成语"素昧平生"指彼此一向不了解,也指与某人从来不认识。李商隐《赠田叟》:"鸥鸟忘机翻浃洽,交亲得路昧平生。""昧"又引申指掩藏不显，如"拾金不昧"指捡了他人的贵重物品而不占为己有。

再来看"味"字。《说文·口部》："味，滋味也。从口，未声。"本义指滋味、味道。《孙子·势篇》："味不过五，五味之变，不可胜尝也。"味道不过甜、酸、苦、辣、咸五种，用这五种味道相互调合，就能调出尝不完的美味。成语"食不甘味"是吃东西觉得没有味道的意思，出自《战国策·楚策一》："楚王曰：'寡人卧不安席，食不甘味，心摇摇然如悬旌，而无所终薄。'""味"又转指心灵上的感受，即体会、体验。如"体味"是仔细领会、玩味的意思。"味"还用作名词，指味道、感受。如"味如鸡肋""味同嚼蜡"等。"味如鸡肋"与曹操攻打汉中有关。曹操久攻汉中不下，烦闷地说出"鸡肋"两字，杨修自作聪明地认为曹操将撤军，被曹操得知后，以"乱军心"的罪名斩首。今用来比喻对某个事物兴趣淡薄或所得实惠很少。

看到这里，大家对"昧"和"味"的来源就有所了解了。"昧"从"日"，与天亮有关；"味"从"口"，与味道有关。

89．"咪"和"眯"

　　"咪"和"眯"，一个从"口"，一个从"目"，所从部首的不同使它们有哪些区别呢？

　　"咪"是个形声字，从"口"，"米"声。"咪"在古代字书中指羊的叫声，这个意思今天已经不用。"咪"在现代汉语中是个拟声词，指猫的叫声，如小猫"咪咪"叫。也用"咪咪"声唤猫，称猫为"咪咪"。"咪"在一些方言中也是称呼语，如"妈咪"是对妈妈的昵称，香港人和广东人常这样称呼自己的母亲。

　　再来看"眯"字。《说文·目部》："眯，草入目中也。从目，米声。""眯"本义是眯眼，读 mí，指尘土等细小之物进入眼中。《庄子·天运》："夫播糠眯目，则天地四方易位矣。"筛糠时，细小的糠皮四处飞扬，若一不小心迷了眼睛，就分不出东西南北了。成语"播糠眯目"就出于此。现在也用来比喻外物虽小，但造成的危害却很大。眼皮微合的状态也称为"眯"，读作 mī。比如，眼睛近视，看不清楚东西时会习惯性地眯眼。有一种眼睛被人们称为"眯眯眼"，一般用来形容眼睛小而长，像一条缝，也可以指因经常笑而眯着的眼睛。词语"笑眯眯"指的就是微笑时上下眼皮稍稍合拢的样子。例如老舍《二马》："嘴唇儿往上兜着一点，和他笑眯眯的眼睛正好联成一团和气。""眯"读 mī 时又指白天打盹、小睡，这应是"寐"字的借义。《说文·癠部》："寐，寐而未厌。从癠省，米声。"意思是睡而未足。

　　看到这里，大家就了解了"咪"和"眯"的来源和区别。"咪"现在最常见的用法是拟声词，表示猫的叫声以及唤猫时发出的声音；而"眯"与东西进入眼睛有关，读音也不止一个。

90. "密"和"蜜"

　　"密"和"蜜"是读音完全相同的两个汉字，区别在于下面一个是"山"，一个是"虫"。那么，加"山"和加"虫"在意义和用法上有什么不同？我们还是要追溯一下它们的字源。

　　先来看"密"字。《说文·山部》："密，山如堂者。从山，宓声。""密"的意符是"山"，本义是像堂屋的山。"密"的声符是"宓"。《说文·宀部》："宓，安也。"段玉裁说"宓"在古代典籍中常常写作"密"，有时"密"与"宓"通用。《诗经·大雅·公刘》："止旅乃密。"毛传："密，安也。"

　　文献中"密"的常用义为稠密、亲近、秘密、周到等。《周易·小畜》："密云不雨。""密云"指浓云稠密。《左传·文公十七年》："以陈蔡之密迩于楚，而不敢贰焉。""密"指贴近。《韩非子·说难》："夫事以密成，语以泄败。""密"指秘密。

　　还要注意一下"秘"和"密"的区别。"秘"义为隐蔽不外示他人，"密"义为距离近、空隙小。"秘方"不能写成"密方","密集"不能写成"秘集"。但"密"又有保密义，这与"秘"的意义有交叉，如"密探""密件""密令""密谋"等。

再来看"蜜"字。《说文》说"蜜"就是蜂蜜。《论衡·言毒》："蜂液为蜜，蜜难益食。"说蜂蜜不能吃太多。"蜜"又比喻甘美、甜蜜。萧纲《南郊颂》："朝叶与蜜露共鲜，晚花与薰风俱落。"

"蜜"还含有贬义色彩。如"甜言蜜语"，指像蜜糖一样甜的话，比喻为了骗人而说的动听的话。又如"口蜜腹剑"，意思是嘴甜心毒。

可见，"密"的常用义为稠密、亲近、秘密等，而"蜜"从"虫"，指蜂蜜。

91."免"和"兔"

　　"免"和"兔"是两个十分相似的字，区别在于有没有一个点。没有点的是"免除"的"免"，有点的是"兔子"的"兔"。为什么仅这一个点的区别就是两个完全不同的字呢？

　　先来看"免"字。《说文》中没有"免"字，或说其本义是帽子，也就是"冠冕"的"冕"的本字。后"免"多表除去、脱掉之义。《左传·成公十六年》："免胄而趋风。"说脱掉甲胄，像旋风一般跑来。"免"还有罢黜、赦免的意思。《史记·吕太后本纪》："王陵遂病免归。""免"也有逃避灾难或罪过的意思。《礼记·曲礼上》："临难毋苟免。"又如"免疫"指免除疫病。"免"还指不可、不要，如"闲人免进"的标识是用来提醒该场所不对外开放，只有工作人员才可进入。

　　再来看"兔"字。甲骨文作兔，像一只头朝上蹲坐着的兔子，耳朵大，腿短，尾巴短。《说文·兔部》："兔，兽名。象踞，后其尾形，兔头与龟头同。"本义指兔子。《诗经·周南·兔罝（jū）》："肃肃兔罝，椓之丁丁。"成语"狡兔三窟"出自《战国策·齐策四》："狡兔有三窟，仅得免其死耳。今君有一窟，未得高枕而卧也。请为君复凿二窟。"指狡猾的兔子会准备好几个窝藏身，也用来比喻隐蔽的地方或方法多，今通常用来形容工于心计的一类人。成语"扑朔迷离"也与兔子有关，出自《木兰诗》："雄兔脚扑朔，雌兔眼迷离，双兔傍地走，安能辨我是雄雌？"把兔子耳朵提起，雄兔会扑腾不停，雌兔会眯上眼睛，而在地上跑的时候雌雄难辨。现在人们也用"扑朔迷离"这个成语形容事情错综复杂，不易看清真相。

看到这里，大家对"兔"和"兔"这两个汉字的区别就更清楚了吧。两个字的小篆并不相同，是隶变导致了形近。大家写"兔"的时候千万不要漏了一点，那可是兔子尾巴演变来的。

92."皿"和"血"

　　"皿"和"血"是很简单的两个字，差别只是有无一小撇的问题。两个字是否有关联？这就要看看它们的字源。

　　"皿"是个象形字，甲骨文作 ，小篆作 。《说文·皿部》："皿，饭食之用器也。""皿"指碗盘一类的餐具。《说文》还讲到"皿"和"豆"同意，是说两个字造字意图相同，都是表器物的象形字。"豆"字甲骨文作 ，是盛东西的器具。《说文·豆部》："豆，古食肉器也。"可见"皿"是盛饭食的餐具，"豆"指盛肉食的餐具。"皿"后泛指一般器皿。《墨子·节葬下》："使百工行此，则必不能修舟车，为器皿矣。"由"皿"构成的字多指器具。如"盆"口大底小，用来盛东西或洗涤；"盒"是一种盛东西的器皿；"盘"是一种形扁而浅的器皿，常见的有茶盘、托盘等；"盂"指盛液体的敞口器皿；"盏"指小杯子。

　　"血"，甲骨文作 ，像"皿"里边盛放了东西。《说文·血部》："血，祭所荐牲血也。从皿，一象血形。"

许慎说"血"指祭祀所用的牲畜之血。古代祭祀要杀牲取血，为什么要用血祭祀呢？段玉裁注："古者茹毛饮血，用血报神，因制血字。""血"后泛指血液。《左传·襄公九年》："与大国盟，口血未干而背之，可乎？"属于同一祖先的后裔，身上会流着同样的血液，我们常说"血统""血亲""血缘"等。血统在古代非常重要，是地位和身份的象征。

"血"也比喻刚强热烈，如"血性"。成语"血气方刚"形容年轻人精力正旺盛。《论语·季氏》："及其壮也，血气方刚，戒之在斗。"意思是：到了壮年，血气旺盛刚烈，需要戒除善斗的心理。

如此看来，"血"是在"皿"的基础上加了一小撇，那一撇指器皿里面的血，这两个字的不同还是很明显的。

93. "末"和"未"

　　"末"和"未"很相近,"末"是上横长下横短,而
"未"是上横短下横长,所以写的时候需要特别留心。
为什么上面两横的长短不同就成了两个字呢?这还需要
追溯一下它们的来源。

　　我们形容一个人做事分不清轻重缓急时,常用"本
末倒置"的说法。"本"与"末"是什么意思呢?我们
先从古文字字形来看看。

　　《说文·木部》:"木下曰本。从木,一在其下。"可
见,"本"就是树根,"本"下的一横就标志着树根的
位置。金文写作朱,下面的三个小黑点是指事符号,表
示这里是树木的根部。"根"和"本"后来合成一个词
"根本"。

　　"末"和"本"相反,"末"是什么意思呢?《说
文·木部》:"木上曰末。从木,一在其上。""末"就是
树梢,是在"木"字的树梢位置加上一短横,表示这里
是树梢。《左传·昭公十一年》:"末大必折。"是说树梢
太大,一定会折断。"末"又引申指尖端。《孟子·梁惠

202

王上》："明足以察秋毫之末。"大意是说：有个人视力特别好，眼力能看到秋天里牲畜身上细毛的末端。

知道了"末"的意思，就可以来看"未"了。《说文·未部》："未，味也。六月滋味也。五行，木老于未，象木重枝叶也。"许慎用"滋味"来解释"未"，是用同音字训释的方式。"未"在十二地支中表示夏历六月，此时万物生长，味道丰富。按照古代五行观念，"未"的字形像树木枝叶重叠。甲骨文作ᛉ，金文作ᛉ，都像树叶重叠的样子，造字意图是幽暗不明。不过甲骨文中的"未"都没有本义用法，而是借用作干支字了。

还有个字是在"未"上加一撇构成的，即"朱"字。这个字是什么意思呢？金文作ᛉ，就是一棵树的中间有一短横，以此表示这个树的心是红色的。小篆作ᛉ。《说文·木部》："朱，赤心木，松柏属。"说"朱"是松柏一类树心是红颜色的树木。"朱"的常用义是红色。《韩非子·十过》："墨染其外，而朱画其内。"这里是说：古代制作漆器时，外面用黑色，里面用红色。还有一个词"朱门"，它是什么意思呢？杜甫有诗曰："朱门酒肉臭，路有冻死骨。"讲富贵人家的酒肉都吃不掉，变质变味了，但街上依然有很多流浪汉被饿死在路边。古代"朱门"本来指红漆大门，这种大门一开始是帝王赏赐给公侯的特权，一般人是无权使用的，后来就用"朱门"代表王公贵族了。

上面分析了"末""未"以及相关的"本""朱"的形体来源和意义，大家就容易区别了。今后写字的时候一定要注意这几个跟树木有关的字的差异。尤其是"末"和"未"，上面的两横一定要注意，长短不能随便写。同时，还要注意有些字是用"未"作声旁的，如"妹""昧""寐"等；而有些字是用"末"作声旁的，如"沫""茉""秣""抹"等。

94."母""毋"和"毌"

　　"母""毋"和"毌"（guàn）这三个字虽然很像，但它们的读音却不同，意思也相差甚远。这是为什么呢？我们一起来看一下它们的字源。

　　先说"母"字。甲骨文作 ，像一位跪坐的女子，膝盖弯曲，双手交叉，字中间的两点表示女性的乳房，以突出女性特征。《说文·女部》："母，牧也。从女，象怀子形。一曰：象乳子也。""牧"即哺育，"母"的本义是母亲。《诗经·小雅·蓼莪（é）》："无父何怙？无母何恃？"母亲赐予我们生命，是人生的起点，所以"母"也有根本、本源的意思。《老子》第五十二章："天下有始，以为天下母。"老子认为"道"是万物的开端，可作为万物之母。"母"还是一个属性词，与"公"相对，如"母鸡""母羊""母牛"等。"母"也用于对女性亲戚长辈的称呼，如"祖母""伯母""姑母""舅母""姨母"等。

　　了解了"母"字，再来看"毋"字。它是"母"的分化字，篆书作 ，将胸部突出的两点改为一横，表示

205

阻拦。隶变后作 ，以直笔方折取代小篆的弧笔圆折，从而演变为楷书"毋"。《说文·毋部》："毋，止之也。"本义是不要，表示禁止。《诗经·小雅·角弓》："毋教猱升木。"郑玄笺："毋，禁辞。"又如陆游《雨》："上策莫如常熟睡，少安毋躁会当晴。"下了一天的雨，屋檐、台阶不断滴答的雨声让诗人烦躁，但同时诗人也在劝慰自己不要着急，还是像往常一样睡一觉吧，再耐心等待一下天就晴了。

"毋"还可作一般否定词。成语"有恃毋恐"出自《左传·僖公二十六年》："齐侯曰：'室如县罄，野无青草，何恃而不恐？'对曰：'恃先王之命……。'"春秋时期，齐孝公带兵讨伐鲁国，鲁国国君派大臣展喜前去和谈，希望平息这场战争。面对鲁国的示好，齐孝公轻蔑地说："你们鲁国现在国库空虚，老百姓家中没有粮食，地里庄稼都枯萎了，连青草也看不到，你们凭什么不害怕呢？"展喜不卑不亢地回答说："我们依仗的是先王遗言……。"今"有恃毋恐"还写作"有恃无恐"，形容有某种势力可依仗，言行无所顾忌，多用于贬义。

最后说说"毌"。《说文·毌部》："毌，穿物持之也。从一横贯，象宝货之形。"本义是贯穿。"毌"还用作地名。春秋时期，卫国有地名为"毌丘"（今山东省曹县），居住在那里的人，有的以邑名"毌丘"为姓氏，世代相传。

说到这里，"母""毋""毌"三个字的区别也就清楚了。"母"和"毋"虽同源，但本义不同；"毌"的造字意图与"母""毋"完全不同。我们在使用中要注意区分，不要用错。

95. "目"和"且"

　　"目"和"且"两个字形似，区别在于"且"最底下的一横要长一些。为什么这一横的长短就能决定两个字的差异呢？这还要从它们的字源谈起。

　　"目"，甲骨文作 ，金文作 ，均像一只眼睛。小篆作目。《说文·目部》："目，人眼。象形。"本义是眼睛。《诗经·卫风·硕人》："巧笑倩兮，美目盼兮。"徐灏《说文解字注笺》："小篆从古文变耳。'目'篆本横体，因合于偏旁，而易横为直。"解释了"目"从横写变成竖写的原因。"目"的小篆从古文演变而来，本来是横着写的，但是作为构字部件，就变成竖写了。

　　"目"与"眼"是同义词，不过"眼"最早表示眼珠。《庄子·盗跖》："比干剖心，子胥抉眼，忠之祸也。"先秦时期多用"目"表示眼睛，隋唐以后逐渐以"眼"代"目"。不过"目"作为语素，构词能力很强。如"目光""面目""醒目"等。"目瞪口呆"形容因吃惊或害怕而发愣的样子，"目不斜视"指眼睛不向旁边看，"目不转睛"意思是眼珠子一动不动地盯着看。

"目"引申为具体的条目。《论语·颜渊》:"颜渊曰:'请问其目?'子曰:'非礼勿视,非礼勿听,非礼勿言,非礼勿动。'""目"还引申指文章或者书的"眼睛",如"题目""目录""书目""篇目"等。

"目"也可作动词,表示看,如《史记·陈涉世家》:"皆指目陈胜。"又如"一目十行"形容看书速度极快,"一目了然"指一眼就看得很清楚。

再来看"且"字。《说文·且部》:"且,荐也。从几,足有二横,一其下地也。"按《说文》所云,"且"读 jū,是"俎"字初文。"且"甲骨文作〓,金文作〓。《汉语大字典》:"甲、金文用为祖先的祖,后加示旁。""且"的这两个意义后代典籍很少使用了。

典籍中"且"主要用作连词和副词。作连词,一则表示而且。《诗经·小雅·鱼丽》:"君子有酒,旨且多。"二则表示更进一层说。《论语·季氏》:"且尔言过矣。"作副词,"且"可表示尚且。《周易·乾》:"天且弗违,而况于人乎?"又可表示姑且。《诗经·唐风·山有枢》:"且以喜乐。"还可以表示将。《列子·汤问》:"北山愚公者,年且九十。"

看到这里,我们知道了"目"的本义是眼睛,是一个象形字;"且"本来与祭祀相关,现多作连词、副词。所以,二者并不存在意义上的关联,它们的古文字形相差也很大。

96."内"和"闪"

　　"内"和"闪"从字形上是比较好分辨的,那么两个字中间的部件都是"人"吗?下面就从它们的字源来看一看。

　　林义光《文源》认为,金文"内"从"宀""入",像入屋中之形。《说文·入部》:"内,入也。从门,自外而入也。"本义是自外面进入里面。常用义指里面,与"外"相对,如《论语·颜渊》:"四海之内,皆兄弟也。"又引申指内室和正室。进一步引申指内心,如《论语·里仁》:"见不贤而内自省也。"又如《论语·阳货》:"色厉而内荏,譬诸小人,其犹穿窬(yú)之盗也与?"说有些人外表非常严厉,内心却十分怯懦,就像是打墙洞进入别人家的盗贼。

　　"内"又指女色、宫人,如《左传·僖公十七年》:"齐侯好内。"引申指妻子或妻子一方的亲属,如《礼记·檀弓下》:"今及其死也,朋友诸臣未有出涕者,而内人皆行哭失声。"郑玄说:"内人,妻妾。"又如《荀子·法行》:"曾子曰:'无内人之疏,而外人之亲。'"

再来看"闪"字。它的繁体字作"閃"，小篆作閃。《说文·门部》："闪，窥头门中也。从人在门中。""窥"是从门中偷看，可见"闪"本义为从门中张望、窥视，这一意义用例甚少。"闪"又指忽隐忽现或突然出现。《礼记·礼运》："故鱼鲔（wěi）不淰（shěn）。"郑玄注："淰之言闪也。""闪"特指闪电。闪电发生在一瞬间，不会长时间持续，打闪时，光线很强很亮，所以可泛指光亮闪耀或其他事物的闪现。

　　"闪"又有躲开之义。《水浒传》第十回："那汉子闪过山坡去了。"

　　今"闪"还可以表示因动作过猛而扭伤筋肉，如"搬东西把腰闪了"。

　　我们了解了"内"和"闪"的字源和构形，知道"内"中为"入"，本义是从外面进入里面，而"闪"中是"人"，本义为人在门中窥视，这样就不容易把两个字弄混了。

97. "鸟"和"乌"

　　"鸟"和"乌"简单而常用，二者的区别在于里面是否有一点。有一点的是"鸟"，没一点的是"乌"。这样的区别，是造字的时候为了区分意义，还是纯属偶然？需要从它们的字源来看一看。

　　"鸟"，繁体字为"鳥"。甲骨文作 ，金文作 ，小篆作 。《说文·鸟部》："鸟，长尾禽总名也。"许慎说"鸟"为长尾巴禽类的总称。"鸟"可泛指飞禽。《论语·阳货》："迩之事父，远之事君，多识于鸟兽草木之名。"鸟的种类很多，如麻雀、燕子、鹰等。还有一种随着季节变化而定时迁徙的鸟叫"候鸟"，如大雁等。张舜徽说："鸟之为物，飞翔四方；偶尔止息，但栖一枝。故鸟字引申，自有寄义。因之寄生草谓之茑，海中有山可依止者谓之岛，并受声义于鸟也。"说鸟是一种翱翔在天空的动物，偶尔停留在某一地方歇息，所以"鸟"引申有寄生之义。因此，寄生草写作"茑"，海中可以停靠的山写作"岛"，二者皆用"鸟"作声符。

　　还有一个表示鸟的字"隹"（zhuī）。甲骨文作 ，

212

金文作 ，小篆作 。许慎说"鸟"的尾巴长，"隹"的尾巴短。不过从两个部首下所收的汉字看，似乎没有这种明显区别。在造字时，有时"鸟"与"隹"可互换，如"鸡"的繁体字"鷄"也可以写成"雞"。

"乌"，繁体字为"烏"。金文作 ，小篆作 。"乌"也是一个象形字。与"鸟"相比，"乌"没有表示眼睛的那一个点。正如段玉裁所说："鸟字点睛，乌则不，以纯黑故不见其睛也。"《说文·乌部》："乌，孝鸟也。"这个"孝鸟"，就是我们熟知的乌鸦。那么，为什么乌鸦被称为"孝鸟"呢？《本草纲目·禽部》："此鸟初生，母哺六十日，长则反哺六十日。"乌鸦懂得反哺。当老乌鸦不能捕食时，小乌鸦们会给父母喂食，来报答父母的哺育之恩。

古代神话传说中，太阳里有一只三足乌，因此以"乌"代称太阳。《春秋繁露·同类相动》中引《尚书大传》："周将兴之时，有大赤乌衔谷之种，而集王屋之上。"这里的"大赤乌"就是乌鸦。此后有了"乌鸦报喜，始有周兴"的传说。乌鸦全身的羽毛都是黑的，又引申为黑色，如《三国志·魏书·邓艾传》："身披乌衣。"双音节词有"乌云""乌黑"等。成语"爱屋及乌"，说因为爱一个人而连带爱他屋上的乌鸦，比喻爱一个人而由此及彼地关心到与他有关的人或物。这个成语与武王伐纣有关。相传，周武王灭掉商朝之后，内心深感天下尚未安定。于是他召见姜太公，询问如何处置商朝士众。姜太公说："我知道有这样一个说法：如果喜爱那个人，连同停留在他屋檐下的乌鸦也喜爱；要是厌恶一个人，就连他家的墙壁、篱笆也厌恶。这样的说法您觉得合适吗？"武王受到启发，没有将商朝士众赶尽杀绝，而是用仁政感化、安抚殷商之人。

看了"鸟"和"乌"的字源，我们清楚了"鸟"泛指飞禽；而乌鸦全身乌黑，看不见它的眼睛，所以比"鸟"少了一个点。这一个点具有区分意义的作用，并非偶然。

98. "牛"和"午"

"牛"和"午"的不同在于中间的竖有没有出头，出头的是"牛"，不出头的是"午"。为什么仅差这一笔就是两个完全不同的字呢？这还要从它们的来源谈起。

"牛"是一个象形字，甲骨文作 ♈，金文作 ♉，均突出了向上扬起的牛角。《说文·牛部》："牛，大牲也。"说牛是一种体积庞大的牲畜。牛在古代农业中占有极其重要的地位。根据考古资料得知，在河南、山东、内蒙古、甘肃等地的新石器时代遗址中都有牛骨发现。牛在商代也大量用于祭祀，这在卜辞里有明确记载。牛在商周时代被大量饲养，其地位与马相当。《诗经·小雅·无羊》："谁谓尔无羊？三百维群。谁谓尔无牛？九十其犉（rùn）。"描绘了野外成群放牧牛羊的景象。殷周时期，在一些重大仪式中均用牛，古代战争中俘获牛，还被作为一种荣耀镌刻于铜器。从"牛"的字多与牲畜有关，如"牧"的金文形体为人执杖牧牛，本义是放牧，"牺"本指古时宗庙祭祀用的毛色纯而不杂的牲畜，"犒"指用酒食或财物慰劳。

有一个成语"庖丁解牛"，其中"解"是一个会意字，从"牛"，从"角"，从"刀"，像分解牛体之形。《庄子·养生主》："庖丁为文惠君解牛。"

"牛"又用为星名。一指二十八宿之一；二指牛郎星，"牛女"常连用。

"午"，甲骨文作↑，金文作↑，小篆作牛，隶书作午。戴侗《六书故》说"午"是"杵"的初文，表示木棒、木棍之类。

《说文》用地支义来解释"午"。"午"是地支的第七位，与天干相配，用以纪年。"午"又指日中。李绅《悯农》其二："锄禾日当午，汗滴禾下土。""午"又用以纪月，表示农历五月，午月即五月。相传战国时屈原在农历五月初五投汨罗江，后世为纪念他而有吃粽子及龙舟竞渡等风俗。此外，民间还有插蒲艾、喝雄黄酒等来除瘟辟邪的习俗。"端午节"也称为"蒲节""端阳节""天中节""重午节""五月节"等。

可见，"牛"是个象形字，而"午"虽然也是象形字，但主要借为地支用字，用来纪年、纪日、纪时等。

99."贫"和"贪"

　　"贫"和"贪"是上下结构的汉字，它们的下边都是"贝"，上边一个是"分"，另一个是"今"。那么，它们意义和用法有哪些差异呢？我们来看看它们的字源。

　　《说文·贝部》："贫，财分少也。从贝，从分，分亦声。""贫"是会意兼形声字，本义是缺少财物。《诗经·邶风·北门》："终窭（jù）且贫，莫知我艰。"不过，"贫"和"穷"在先秦意义有明显区别。缺乏衣食钱财叫"贫"，与"富"相对；不得志而受困叫"穷"，与"通""达"相对。《荀子·天论》："强本而节用，则天不能贫。"如果能够加强基本，厉行节约，就算是上天也不能使人贫困。宋濂《送东阳马生序》："家贫，无从致书以观。"文章里的主人公，因为家中贫穷而没条件读书，所以常常借书抄录，用功不辍。"贫"引申为缺少、不足。刘勰《文心雕龙·练字》："故善为文者，富于万篇，贫于一字。"大意是：善于写文章的人，其才华能写万篇文章，但却常常为选择一个字而感到困难。

　　"贫"后来还有两个意思。一为僧道自谦之辞。《水

217

浒传》第五十九回："贫道作起道法，教这三人在阵中，前后无路，左右无门。"二是絮叨、腻烦。《红楼梦》第五十四回："贾母笑道：'真真这凤丫头，越发贫嘴了。'"

再来说"贪"字。《说文·贝部》："贪，欲物也。从贝，今声。""贪"本义为爱财、不择手段地掠取。《左传·襄公二十三年》："贪货弃命，亦君所恶也。"又如《战国策·齐策四》："左右皆恶之，以为贪而不知足。"常用词为"贪婪"。不过"贪"和"婪"古时有区分，王逸注《楚辞·离骚》："爱财曰贪，爱食曰婪。"后来都可以泛指贪心不足。"贪"由此引申为贪污。《后汉书·杨仁传》："贪奢不法。"还引申为过分追求。《墨子·非命中》："恶恭俭而好简易，贪饮食而惰从事。"今也用"贪杯"表示爱喝酒而没有限度等。

可见，从"贝"，从"分"兼声的"贫"表示贫穷，而从"贝"，"今"声的"贪"指贪欲。贫穷使得人们生活艰难，而贪没有好下场，这两种状态都不好。

100. "柒"和"染"

"柒"和"染"非常相似，区别是部件"七"与"九"的不同。"七"和"九"在两个字中分别承担什么功能呢？这还要从它们的字源说起。

"柒"是数字"七"的大写。那么，大写数字有什么特别用法？牵扯到经济往来与财务收支时，数字显得至关重要。为防止涂改，一般文书和商业财务票据上的数字都要采用大写数字。施孝峰《增补注释三字经》："壹、贰、叁、肆、伍、陆、柒、捌、玖、拾，俗谓大写的，是帐目文书所用也。""柒"常作为大写数字"七"，用于记账。《山海经·西山经》："又西百二十里曰刚山，多柒木。"这里的"柒"就不表示数字了，而是木名。"柒"是"漆"的异体字。漆树是中国的特有树种，开黄色小花，树皮灰白色，常常裂开，里面乳白色的液体即是生漆，其种子可以榨油，可以制成肥皂和油墨。漆树的本字是"柒"，后用"漆"字，"柒"就一般只用作数字"七"的大写了。

再来看"染"字。《说文·水部》："染，以缯染为色。"徐锴引他说认为"九"表示染制过程复杂，有九次之多。"缯"是古代丝织品的总称，"染"的本义是使布帛着色。染的工艺复杂，专门负责染这一工作的叫"染人"。《周礼·天官·染人》："染人，掌染丝帛。"还有进行染色加工的房间叫作"染坊"。丝帛经过染制，变得五颜六色，人们的服饰也就越发光鲜亮丽。

"染"引申有浸染义。《左传·宣公四年》："子公怒，染指于鼎，尝之而出。"说子公很生气，在鼎中的肉汤里浸蘸了一下，舔了舔手指就出去了。今常用词"染指"就出于此。"染"还表示传染、感染疾病等。《晋书·庾衮传》："始疑疫疠之不相染也。"又指熏染，即长期接触的人或事物对生活习惯逐渐产生某种影响。宋代理学家周敦颐《爱莲说》："予独爱莲之出淤泥而不染。"还有一个成语"一尘不染"，原来指佛教徒修行之时要排除物欲，保持心地洁净，现泛指丝毫不受坏习惯、坏风气的影响，也用来形容非常清洁、干净的环境。

看了"柒"和"染"的字源，也就清楚了这两个字的区别。表示大写数字的"柒"，用"七"表音；而表示使丝帛着色的"染"，因为要体现染色的次数，所以从"九"。

101. "岐"和"歧"

"岐山"的"岐"和"分歧"的"歧"都读 qí，一个是"山"字旁，一个是"止"字旁。这两个字有什么不同呢？

"岐"的小篆作𨛬。《说文·邑部》："郂，周文王所封，在右扶风美阳中水乡。从邑，支声。岐，郂或从山，支声。因岐山以名之也。""岐"从山，是"郂"的异体字，本为地名，是周文王所封之地，在今陕西省岐山县。《诗经·大雅·绵》："率西水浒，至于岐下。"孔颖达正义："至于岐山之下。"岐山是中华民族发祥地之一，是古炎帝生息、周室安邦之地。商代末期，古公亶父率领周部族由豳迁到岐，在这里建国立业。因为周初在岐山建国，所以周也称岐周，很多文化遗迹，如周原遗址、周公庙、九成宫等，都在岐山脚下。

"歧"是"跂"的异体字。《说文·足部》："跂，足多指也。"许慎说"跂"本义是多出的脚趾。"歧"引申指岔道，如《列子·说符》："歧路之中又有歧焉，吾不知所之，所以反也。"又如王勃《送杜少府之任蜀州》：

"无为在歧路，儿女共沾巾。"王勃在京城长安送别一位到蜀地任职的朋友，走到岔路口，感慨说：离别之际，不要像多情的儿女一样，任泪水打湿衣裳。

"歧"又引申指叉开、分叉。《后汉书·张堪传》："桑无附枝，麦穗两歧。"又表示不一样、不一致。比如不平等地看待是"歧视"，意见相左是"分歧"，当语言文字表意不明，有两种或多种解释时，则该句存在"歧义"。

说到这里，"岐"和"歧"的区别就清楚了。从"山"的"岐"多指岐山这个地方；从"止"的"歧"本义是多出的脚趾，后多指岔路等。

102. "乞" 和 "气"

　　"乞"和"气"是两个不同的汉字，意义和用法也有差异，"乞"是乞讨之义，"气"多指气体。两个字写法上只有一横的差别，这一横为什么会造成两个不同的字呢？

　　古"气""乞"本为一字。《说文》中没有"乞"字，"乞"是"气"的省简写法。经典中"乞"用为乞求之义，讨求成为"乞"字的常用义。《左传·僖公二十三年》："乞食于野人。"又如"乞讨""乞求""乞食""乞丐""行乞""摇尾乞怜"等。王安石《伤仲永》："或以钱币乞之。"这里用钱币乞讨什么呢？原来，有个叫方仲永的人，一出生就天赋异禀。大概在五岁时，人们指定事物让他作诗，他就能立刻完成，且诗的文采和道理都不平凡。人们对此都感到惊奇，甚至有人花重金求取仲永之诗。这里是说有人用钱币讨要仲永的诗作。

　　"乞"在构字时，多作声符，如"讫""迄""汔"等。"气"，甲骨文作三，金文作⩳，小篆作⩳，隶书作。"气"的初形是三横，与数字"三"相近，不过"三"甲骨文作 ，其三横一样长，而"气"字甲骨文中间一横较短。于省吾《卜辞求义》："'气'字初文作'三'，降及周代，以其与'上下'合文及纪数'三'字易混，上画弯曲作''，又上下画均曲作''，以资识别。"解释了为什么"气"从早期的三横变成了现在的字形。原来是为了与纪数"三"区别，让第一横和第三横都弯曲了，最后写成"气"。

"气"本义是云气，文献中多用"氣"字表达这一意义。"氣"字本义是馈赠。当它被用作云气义时，又造"餼（饩）"字表示馈赠义，读 xì。"氣"现代又被简化为"气"。《列子·天瑞》："虹霓也，云雾也，风雨也，四时也。此积气之成乎天者也。"又引申指人的气息。《论语·乡党》："摄齐升堂，鞠躬如也，屏气似不息者。"进一步指人的精神状态，如"勇气""怒气"等。《左传·庄公十年》："夫战，勇气也。"

"气"还是古代哲学中的概念，指事物的本原。中医上用"气"指人的生存要素之一，如"气虚""元气""气血两亏"等。

"气"引申还指自然界的阴阳风雨等现象。《左传·昭公元年》："天有六气。"说天有阴阳风雨晦明的变化。又古人以十五天为一气，记录天气变化，以方便农事，于是就有了二十四节气。

说到这里，我们知道了"乞""气"本为一字。后来"乞"的常用义是乞讨；而"气"是一个象形字，本义是云气，这一意义文献中用"氣"来表达，今"氣"又简化为"气"。

103. "磬"和"罄"

　　"磬"和"罄"的读音都是 qìng，从字形上来看，区别在于下半部分不同，一个是"石"，一个是"缶"。它们上半部分都作"殸"，这个部件承担什么功能呢？是不是只表音呢？

　　"磬"，甲骨文作 ，左上方像悬挂的一件乐器，右下方表示以手执物敲击，隶定为"殸"，后加"石"作"磬"。磬悬挂于架上，击之而鸣。《说文·石部》："磬，乐石也。""磬"本义指古代乐器，用石或玉雕成，有单个的特磬，也有成组的编磬。《诗经·小雅·鼓钟》："鼓瑟鼓琴，笙磬同音。""笙"是管乐，和"磬"的声音非常协调。又如《诗经·商颂·那》："既和且平，依我磬声。"曲调很协调、和平，按照"磬"声的节奏进行。商周时期"磬"是一种很重要的乐器。《论语·宪问》："子击磬于卫。"说孔子周游列国，曾在卫国击磬讲学。《淮南子·氾论训》："语寡人以忧者击磬。"这里是说：禹治水成功而登上帝位，设置了五种乐器，让来访的老百姓使用，有冤狱诉讼的人摇鼗，告知忧患的人敲磬。

"磬"可用作状语，指人身曲折如磬。《礼记·曲礼下》："立则磬折垂佩。""磬折"即弯腰，表示谦恭。

再来看"罄"字。《说文·缶部》："罄，器中空也。从缶，殸声。殸，古文磬字。""罄"的本义是器中空。《诗经·小雅·蓼莪》："瓶之罄矣。"意思是瓶中空空如也。"罄"引申有尽、用尽义。《梁书·范缜传》："粟罄于惰游，货殚于土木。"商场或店铺的"告罄"或者"售罄"告示，是说某些商品都售完了。用尽平生所学来做事，就是"罄其所学"。

成语"罄竹难书"出自《旧唐书·李密传》："罄南山之竹，书罪未穷；决东海之波，流恶难尽。"李密是隋末唐初割据群雄之一，当时拥有极大的实力。他发表了一篇檄文，声讨隋炀帝，说隋炀帝这个暴君所犯罪状，就是用完南山的竹子做简策也写不完，用尽东海的滔滔大水也洗不尽。后来用"罄竹难书"形容罪状之多。

可见，"磬"和"罄"都用"殸"来表音，从"石"的"磬"是乐器，而从"缶"的"罄"是用尽。

104. "囚""因"和"四"

　　"囚""因""四"三个字外边都是"囗",里面分别是"人""大""八",它们字形相近,意义和用法却大不相同。

　　先来看"囚"字。《说文·囗部》:"囚,系也。从人在口中。"本义是拘禁、囚禁。《尚书·蔡仲之命》:"囚蔡叔于郭邻。"《尔雅·释言》:"囚,拘也。"又如欧阳修《朋党论》:"后汉献帝时,尽取天下名士囚禁之,目为党人。"说后汉献帝之时,把天下名士都圈禁起来,把他们视作"党人"。"囚"又指被囚之人,如《左传·庄公十一年》:"今子,鲁囚也。"

　　"泅"用"囚"作声符,表示人在水中游泳。《列子·说符》:"人有滨河而居者,习于水,勇于泅。"

　　再来看"因"字。《说文·囗部》:"因,就也。""因"义为凭借、依靠。《孟子·离娄上》:"为高必因丘陵,为下必因川泽。"筑高台一定要凭借丘陵,挖深池一定要借助河泽。再由凭借引申为依据。《淮南子·氾论训》:"法度者,所以论民俗而节缓急也;器械者,因时变而制宜适也。"又如《史记·孙子吴起列传》："善战者因其势而利导之。""因"又引申为原因。《史记·鲁仲连邹阳列传》："臣闻明月之珠、夜光之璧，以暗投人于道路，人无不按剑相眄（miàn）者，何则？无因而至前也。"臣听说把明月珠、夜光璧暗中投掷给路人时，人们没有不按着剑柄斜眼看的。为什么？那是因为它们是无缘无故来到面前的。

"因"还指因袭、承袭。《论语·为政》："殷因于夏礼，所损益可知也。"说商朝沿袭夏朝的礼仪制度，所废除的和所增加的，是可以知道的。

最后来看"四"字。甲骨文作☰，画了四横，很明显用作纪数，表示数字"四"。到了金文也作☰，还作⊕、〇。楚系简帛文字作𫝀，与现在的字形已经很像了。《说文·四部》："四，象四分之形。"段玉裁注："谓口像四方，八像分也。"意思是"四"的方框表示四方，而里面"八"有分之义。《诗经·豳风·破斧》："周公东征，四国是皇。"毛传："四国，管、蔡、商、奄也。"

"四"又表序数，第四。《尚书·洪范》："五行，一曰水，二曰火，三曰木，四曰金，五曰土。"

可见，"囚""因""四"这三个字的构形与构意都不相同，应注意分辨。

105. "瞿"和"翟"

"瞿"读 qú，"翟"读 dí 或 zhái。两个字的下半部分都是"隹"，上半部分不同。它们都从"隹"，都与鸟有关吗？

先来看"瞿"字。《说文·瞿部》："瞿，鹰隼之视也。""瞿"表示惊视的样子。隼属于猛禽类，其特征是翅膀很长，嘴巴短而且宽，上嘴弯曲且有齿状凸起。它们飞翔的速度很快，猎取食物时，通常是突然从空中冲下。《诗经·小雅·采芑》："鴥（yù）彼飞隼，其飞戾天。"说那隼疾速飞翔，直冲云天。

鹰隼在视物时，眼睛睁得很大，且左右转动，与之对视，使人毛骨悚然，故"瞿"引申有惊义。《礼记·杂记下》："见似目瞿，闻名心瞿。"意思是：除丧之后，若见他人似其亲人则双目惊视；听到他人称名，如与其父同名时，心中万分惊悸。此义旧读 jù，后用"懼（惧）"表示。"瞿瞿"表示张目四视的样子，如《诗经·齐风·东方未明》："折柳樊圃，狂夫瞿瞿。"也表示小心谨慎的样子，如《诗经·唐风·蟋蟀》："好乐无荒，良士瞿瞿。"

有个字用"瞿"作声符，即"衢"，本义表示四通八达的路。有个城市叫"衢州"，是中国历史文化名城，在今浙江省。

再来看"翟"字。《说文·羽部》："翟，山雉尾长者。从羽，从隹。"山雉，俗称"野鸡"。"翟"本义指长尾野鸡，读 dí。"翟羽"指古代乐舞所执雉羽。《诗经·邶风·简兮》："左手执籥，右手秉翟。"说左手拿着笛子，右手挥动雉羽。我们也可以从"舞"的甲骨文字形"𣎃"来想象执翟羽的样子。

"翟"还用作姓，读 zhái。西汉时翟公为廷尉，宾客盈门。后来他被罢官，门外可设雀罗。成语"门可罗雀"说的就是翟公的故事。

可见，突出双目的"隹"，表示惊视的样子，是"瞿"；而突出长羽毛的"隹"，指长尾巴山鸡，是"翟"，读 dí。两个字都用作姓，一个是瞿（qú）姓，一个是翟（zhái）姓。

106．"犬"和"尤"

"犬"和"尤"是非常像的两个字，区别在于右下方的笔画，"犬"是一捺，而"尤"是竖弯钩。这两个字字形相近，意义上也有联系吗？

"犬"，甲骨文作🐕，金文作🐕，小篆作🐕。甲骨文"犬"是依照狗的形状所画，腹瘦尾长，并突出尾巴的弯卷。卜辞中犬可用为祭牲。张舜徽云："古有田犬，有守犬，有食犬。田犬即猎犬也。食犬以供庖膳，故古者犬名羹献也。后世食犬废而田犬亦罕，家所畜者，惟守犬耳。"《诗经·小雅·巧言》："遇犬获之。"这里"犬"指猎犬。楷书"犬"则是"大"字上面加一点，完全看不出狗的样子了。"犬"组成的词常是谦称和卑称，如"犬马"是臣子对君上的自卑之称，"犬马之齿"则指自己的年龄，"犬子"是对自己儿子的谦称。

"犬"与"狗"为同义词。细分的话，大者为犬，小者为狗。《说文》引用孔子的话来解释"犬"与"狗"。《说文·犬部》："孔子曰：'视犬之字，如画狗也。'""孔子曰：'狗，叩也。叩气吠以守。'"孔子说

232

"犬"像狗之形，又说狗的吠叫如同敲击一样有节奏。

狗和人类的关系非常亲密，这可从几个从"犬"的字来了解。如"猝"，《说文·犬部》："猝，犬从草暴出逐人也。"指狗在草丛中藏着，猛然窜出来咬人，这也是成语"猝不及防"的含义。又如"突"，《说文·穴部》："突，犬从穴中暂出也。"狗在窝里趴着，看到猎物，一下窜出来，这就是"突"的意思。"独"字则反映出狗不喜欢结群的特点。《说文·犬部》："羊为群，犬为独也。"

"尤"，甲骨文作𝟊，像人手部长赘疣之形。金文作𝟛。后来又造了"疣"表本义，"尤"则表示特异、突出等义。《说文》释为"异也"。《左传·昭公二十八年》："夫有尤物，足以移人。""尤物"即珍奇之物。"尤"还被用作副词，有更、格外的意思。欧阳修《醉翁亭记》："其西南诸峰，林壑尤美。"

"尤"引申又有罪过、过错义。《论语·为政》："言寡尤，行寡悔。"言语上减少过失，行为上减少悔恨。指说话做事慎重，因而很少犯错误。"尤"用作动词时，表示怨恨和责怪。《论语·宪问》："不怨天，不尤人。"

我们看了"犬"和"尤"的字源，就知道了"犬"是一个独体象形字，依狗之形而作，"尤"本为"疣"字初文，常用义为特异、突出。

107. "日"和"曰"

　　不同汉字之间的区别，大多靠的是不同笔画与构件。当然，也有少量的字笔画一样，区别就要靠笔画的长短和方向。比如"日"和"曰"就是一个竖长，一个扁平，写的时候就必须注意它们横和竖的长短比例。它们一开始就有这样的区别吗？当然不是。下面就从它们的字源来看一看。

　　"日"的造字意图就是天空的一轮太阳。甲骨文作⊙，金文作☉，形状都像那高挂在天空的火球。《说文·日部》："日，实也，太阳之精不亏。"大意是说："日"是一个实体，这个实体中有取之不尽、用之不竭的极盛阳气。《诗经·邶风·雄雉》："瞻彼日月，悠悠我思。""日"除了作为太阳的意思来组词，还可以直接作为"太阳"之义来造字。如"旦"，甲骨文作𝌆，金文作𝌇，字形上面是太阳，下面像光影，用太阳和光影相接之形表示太阳初升之时。如"杲"，意思是明亮，用太阳高高升起在树梢之上来表达这一意思。又如"杳"，意思是没有音信，这一意思用太阳落到树丛之下来表示。再如，汉字造字时，从

"日"的字可以表示明亮、温暖，如"晴""暖""晒"等。

现代汉语中"日"已经很少单用，而被"太阳"取代了。"日"字通常与其他语素结合起来构成复音词，如刚出来的太阳叫"旭日"，炎热的太阳叫"烈日"等。又因为太阳每一次的升和落就是一天，所以"日"又被用来表示时间。一昼夜就是一日，如"今日""明日""当日""改日"，就是今天、明天、当天、改天。《诗经·王风·采葛》："一日不见，如三秋兮。""三秋"指三年，这个成语是说一天不见如同过了三年，表明十分急切的思念之情。

"曰"，甲骨文作 ，金文作 ，下面是个"口"字，表示嘴巴，上面的一小横表示说话时气或声从口中脱出。《诗经·郑风·女曰鸡鸣》："女曰鸡鸣，士曰昧旦。"甲骨卜辞中，"曰"常用为本义，即说话。

金文中"曰"用为说、谓等意思，还放在一个句子的开头，表示语气。传世文献中可用作句首语气词。《诗经·秦风·渭阳》："我送舅氏，曰至渭阳。"大意是我为舅父送行，来到渭河之北。其中"曰"就是一个语气词。《说文·曰部》："曰，词也。"正是说明"曰"只是一个虚词，即起语法作用的词。

"曰"的构形和构意很容易记住，它的轮廓就像一个嘴巴，是个"口"，跟说话有关系。"曰"在文言文中，除了作为语气词外，最常用的就是放在主语后表示说话的意思；而"日"字则是从太阳的象形字隶变而来的。

108.“卅”和“州”

　　“卅”字和“州”字很像，写的时候一定要注意区分。“卅”是一横贯通“川”，“州”是“川”中有三点。那么，这两个字的形义本来都与“川”字有联系吗？

　　“卅”读 sà。甲骨文作 ，金文作 ，小篆作 ，隶书作 。甲骨文中“十”的字形是“丨”，像一竖，三竖相连表示三十。《说文·卅部》：“卅，三十并也。”说“卅”是三个“十”并在一起，表示数目三十。或说古人用结绳记事，打一个结是十，三个结是三十。《尚书·无逸》：“肆祖甲之享国三十有三年。”唐开成石经作“卅有三年”。“卅”在出土文献中也常出现，如曶鼎：“曶抑匡卅秭。”意思是曶减免了匡季三十秭禾，“秭”是禾的计量单位。长沙马王堆汉墓帛书《战国纵横家书·须贾说穰侯章》：“以卅万之众，守七仞之城。”

　　《说文》“卅”部只有一个属字“世”，云：“三十年为一世。从卅而曳长之。”

　　“州”，甲骨文作 ，金文作 ，小篆作 ，隶书作 。“州”的三竖似水，中间的点似水中高地。《说文·川部》："州，水中可居曰州。""州"是水中的陆地，此义后作"洲"。《诗经·周南·关雎》："关关雎鸠，在河之洲。"关关和鸣的雎鸠，栖息在河中的小洲。

当"洲"表示了"州"的本义后，"州"则指一种行政区域。《左传·襄公四年》："芒芒禹迹，画为九州。"今多用于地名，如"兰州""扬州""苏州""兖州""徐州"等。可见"洲"是"州"的分化字，原来都指水中陆地。后二字用法发生分化。"洲"指大块陆地，如七大洲；或指河海中的小岛。而"州"则表示人文地理区域。今还有"自治州"，这是我国少数民族地区的行政区划单位，相当于地级市。我国共有30个自治州，如凉山彝族自治州、恩施土家族苗族自治州、湘西土家族苗族自治州、阿坝藏族羌族自治州等。

可见，"卅"和"州"虽然看起来都有"川"字，但其古文字字形并不相同。"卅"的三竖其实是三个"十"，用一横连接表三十；而"州"的三竖是"川"，指河流。"卅"和"州"两个字并不存在意义和用法上的联系。

237

109."姗"和"珊"

　　"姗"和"珊"都读 shān，那么是不是因为"册"表音，所以它们读音一样呢？这需要从字源说起。

　　先来看"姗"字。《说文·女部》："姗，诽也。从女，删省声。""姗"本义指诽谤。"姗"的声符是"删"，但造字时把立刀旁省去了，所以"姗"的声符是"删"而不是"册"。成语"姗姗来迟"是大家熟知的，出自《汉书·孝武李夫人传》。书中这样写道："上思念李夫人不已，方士齐人少翁言能致其神。……上愈益相思悲感，为作诗曰：'是邪？非邪？立而望之，偏何姗姗其来迟！'"汉武帝刘彻有个妃子，叫李夫人，红颜薄命，去世很早。武帝十分悲痛，时常思念她。有个名叫少翁的方士说能将死者的魂魄召来与亲人相见。武帝大喜，立即要他招李夫人的魂。方士做完法事，武帝恍惚看见李夫人走了过来，但又突然不见了。他心中又激起一阵悲痛，写诗道："是你呀？还是不是你？我站在这里焦急地把你盼望，你却慢悠悠来得这样晚！"后以"姗姗"形容女子走路缓慢从容的姿态。《帝城花样·小芗传》："小兰如芙蓉女儿，明秀无匹，姗姗来迟，媚不可言。"

再来看"珊"字。《说文·玉部》："珊，珊瑚，色赤，生于海，或生于山。从玉，删省声。""珊"字一般不单用，多二字连用为"珊珊"，作拟声词，形容玉声、雨声等。杜甫《郑驸马宅宴洞中》："自是秦楼压郑谷，时闻杂佩声珊珊。"这里的"珊珊"就是佩玉相击的声音，清脆动听。又如元稹《琵琶歌》："一弹既罢又一弹，珠幢夜静风珊珊。"白居易有诗云："碧笼烟幂幂，珠洒雨珊珊。"

"珊"常用于"珊瑚"一词。《世说新语·汰侈》："（武帝）尝以一珊瑚树高二尺许赐（王）恺，枝柯扶疏，世罕其比。"珊瑚由珊瑚虫的骨骼聚集而成，形状有块状、树枝状等，色彩斑斓，鲜艳美观。珊瑚礁是海洋中一种石灰质岩礁，我国最南端的领土曾母暗沙就是珊瑚礁。珊瑚岛则由珊瑚礁构成，中国的西沙群岛、南沙群岛、澳大利亚的大堡礁等均属于珊瑚岛。

可见，"姗"的本义是诽谤，常用词是"姗姗"，从"玉"的"珊"多用于"珊瑚"一词。"姗"和"珊"中表音的部件"册"，实际上是"删"的省简。同样从"删"省声的字还有"蹒跚"的"跚"。不过"栅栏"的"栅"是"册"表声兼表义。

110. "梢"和"稍"

　　"梢"从"木","稍"从"禾",两个字的部首都跟植物有关,它们有什么区别呢?

　　"梢",读 shāo。大徐本《说文》说"梢"是一种树木,徐锴《说文系传·木部》:"梢,树枝末也。""梢"在文献中常指树枝的末端。杜甫《送韦郎司直归成都》:"为问南溪竹,抽梢合过墙。"又如白居易《有木诗》:"托根附树身,开花寄树梢。"讲了一种名为"凌霄"的树,其花朵依附在大树的枝头。"梢"又泛指末端,如"鞭梢"指鞭子的末端;"眉梢"指眉毛的末端,成语"喜上眉梢"意思是喜悦的心情从眉眼上表现出来。因为船尾是船的末端,"梢"又指船尾。这个意义后来写作"艄",如"船艄"。

　　"稍"有两个读音——shāo 和 shào。《说文·禾部》:"稍,出物有渐也。"许慎说"稍"义为逐渐。《左传·昭公十年》:"子尾多受邑,而稍致诸君。"说子尾接受了不少城邑,他逐渐地都送给了国君。又如《史记·魏公子列传》:"其后秦稍蚕食魏。"秦国像蚕食桑叶一样逐渐侵占魏国领土。"稍"又有略微的意思。如宋濂《送东阳马生序》："门人弟子填其室，未尝稍降辞色。"弟子们挤满了先生的房间，先生的言辞和态度从来没有稍微缓和些。以上的"稍"皆读作 shāo。

"稍"又读 shào，用于"稍息"一词，这是军事操练或运动训练时的口令，表示由立正变为休息的姿势。

可见，"梢"主要表示树枝或者条状物的末端，而"稍"主要作副词，表示渐渐、略微。

111. "佘"和"余"

　　"佘"和"余"太像了，区别在于中间的竖钩是否穿过中间的一横。为什么仅这么点差别就是两个字呢？

　　"佘"，读 shé，不太常用，一般作姓。《杨家将》中有一个老太太叫"佘太君"，名"赛花"，是北宋名将老令公杨继业的妻子。佘太君自幼受其父兄习武的影响，少年时便与普通的大家闺秀不同，喜欢舞刀弄棒，青年时就成为了一名文武双全的女将，老年时以百岁高龄挂帅出征，抵御西夏侵略。"佘"除了作姓，还作山名。佘山在上海市松江区，分东西两山，有茂林修竹，风景秀丽。

　　有两个字用"佘"作声符，分别是"赊账"的"赊"和"畲族"的"畲"。"畲族"是我国少数民族之一。

　　"余"，甲骨文作♠，像以木柱支撑屋顶之房舍，为原始住宅，与"舍"字同义。甲骨文、金文多借用为第一人称代词。《说文·八部》："余，语之舒也。"意思是说话时气流舒缓，许慎以语气词释之。"余"在文献中常用为第一人称代词"我"。《楚辞·离骚》："皇览揆余

242

初度兮，肇锡余以嘉名，名余曰正则兮，字余曰灵均。"
大盂鼎："余佳即朕小学。""余"是周王的自称。

今"余"还是"餘"的简化字，有多余、其余等意义。《说文·食部》："餘，饶也。"许慎说"余（餘）"义为丰足。由此引申出多余、剩余义。如《论语·学而》："行有余力，则以学文。""余"也可以表示其他的、以外的。《史记·高祖本纪》："与父老约法三章耳：杀人者死，伤人及盗抵罪。余悉除去秦法。""余"也表示零数。如《荀子·尧问》："欲言而请毕事者千有余人。"以上这些意思的"余"本作"餘"。

可见，"佘"的用法很单一，常作姓或者山名；"余"在古文中多作第一人称"我"，常用义是多余、剩余等。

112. "审"和"宙"

　　"审"和"宙"的区别在于"宀"下面的部件不同，"审"下面是"申"，"宙"下面是"由"。为了更好地了解其差异，我们需要追溯一下它们的字源。

　　"审"，繁体字是"審"。注意"番"上边是"釆"（biàn）而不是"采"（cǎi）。《说文·釆部》："宷，悉也。知宷谛也。从宀，从釆。審，篆文宷从番。"依照许慎的说法，"審"与"宷"为异体字关系，本义为获悉、知悉。《荀子·非相》："欲知上世，则审周道；欲知周道，则审其人所贵君子。"杨倞注："审，谓详观其道也。"为什么"宷（審）"有获得信息的意思呢？这又需要看"釆"的意思。《说文·釆部》："釆，辨别也。象兽指爪分别也。""釆"是动物足迹，古人由此可以分辨出不同动物。简化字"审"就很难看出造字理据了。由此引申为副词，详尽地。《礼记·中庸》："博学之，审问之，慎思之，明辨之，笃行之。""审"还有审定、考查的意思，如《论语·尧曰》："谨权量，审法度。"

　　"审"后来又引申出讯问犯人的意思。《宋史·刘敞传》："敝移府，问何以不经审讯。"这一意思今天很常用，如"审理""审判""庭审"等。

关于"宙"，我们很熟悉的一个词语是"宇宙"。《说文·宀部》："宙，舟舆所极覆也。从宀，由声。""宙"为舟和车能够覆盖到的最大部分。引申为古往今来。《庄子·庚桑楚》："有长而无本剽者，宙也。""本剽"指开端和尽头，"无本剽"就是时间无头无尾。

《淮南子·齐俗训》："往古来今谓之宙，四方上下谓之宇。""宇宙"指一切时间和一切空间。《庄子·让王》："余立于宇宙之中。"又如王羲之《兰亭集序》："仰观宇宙之大，俯察品类之盛。"意思是：抬头仰望广阔的天空，低头俯视大地上繁多的万物。

我们学习了"审"和"宙"，知道了"审"义为获悉、知悉等，是简化后的字形，繁体字作"審"，与"宙"字本无相近之处，"宙"多与"宇"组词为"宇宙"，表示一切空间和时间。

113. "失"和"矢"

　　"失"和"矢"字形相近，写的时候一定要注意区别。"失"中间的"丿"要出头，"矢"不出头。这两个字的构形与构意有什么区别呢？

　　先来看"失"字。《说文·手部》："失，纵也。从手，乙声。"段玉裁注："在手而逸去为失。""失"的意思就是手中的东西没抓牢，泛指遗失、丧失，与"得"相对。《左传·庄公十二年》："得一夫而失一国。"又如"失手""失足""失声""失色"等。有个成语叫"失之东隅，收之桑榆"。"东隅"是东方太阳升起的地方，指早晨；"桑榆"是日落之处，指日暮。比喻在一方面失去或者失败了，最后在其他方面有所收获。"失"引申为做事不合适。《左传·文公二年》："君子以为失礼。"又引申为找不着。《楚辞·九章》："欲横奔而失路兮。"

　　"失"也有名词用法，指"过错"。《汉书·路温舒传》："臣闻秦有十失，其一尚存，治狱之吏是也。"又如"失误""过失""万无一失"等。

　　"失"的后起义还有不自禁、忍不住。杜甫《远游》：

"似闻胡骑走，失喜问京华。"大意是：恍惚中听到胡骑（安史叛军）逃走的消息，抑制不住内心的喜悦，打听起来京城的情况。

"矢"，甲骨文作↥，是一支箭的形状。《说文·矢部》："矢，弓弩矢也。"本义是箭。《诗经·大雅·抑》："修尔车马，弓矢戎兵。""弓矢"就是弓箭。古代度量长短，以矢为尺度，所以"短""矮"均从矢。

有一个成语"有的放矢"，意思是放箭要对准靶子，比喻做事要有明确的目标。《诗经·小雅·宾之初筵》："射夫既同，献而发功。发彼有的，以祈尔爵。"大意是：参加比赛的弓箭手们都来了，可以展示射箭的本领了，开弓放箭，每发都要射中箭靶，祈求罚酒让给别人。成语"众矢之的（dì）"，"的"指箭靶的中心。鲁迅《朝花夕拾·琐记》："那时为全城所笑骂的是一个开得不久的学校，叫作中西学堂，汉文之外，又教些洋文和算学。然而已经成为众矢之的了。""矢"还假借为"誓"。如成语"矢志不渝"，"矢志"就是发誓、立志，"渝"是改变，这个成语的意思是发誓永远不改变。

我们从字源看了"失"和"矢"，知道了它们古文字字形有很大差别，现在字形的造字理据已经模糊了。"失"的造字意图是没把握住，引申为失去，"矢"的本义是弓箭。

114. "石"和"右"

　　"石"和"右"都是很简单的字，区别在于左边的那一"丿"是否出头，不出头的是"石头"的"石"，出头的是"左右"的"右"。为什么这一"丿"出不出头就成了两个字呢？

　　"石"，甲骨文作 $\widehat{\Box}$，金文作 $\widehat{\Box}$。"厂"表示山崖，其下"口"表示岩石。《说文·石部》："石，山石也。"《诗经·小雅·鹤鸣》："它山之石，可以攻玉。"意思是其他山上的石头可用来打磨玉器，比喻要借鉴别人的经验。现在也写作"他山之石"。含有"石"的成语很多。如"石沉大海"比喻不见踪影或没有一点消息。"石室金匮"指以石为室，以金属为柜，为古代国家收藏重要文献之处。又如"石破天惊"用来形容乐声高亢激越，有惊天之势。李贺《李凭箜篌引》："女娲炼石补天处，石破天惊逗秋雨。"高亢的乐声直冲云霄，上升到女娲炼石补过的天际，好像补天的五彩石被击破，如同抖落了漫天秋雨。"海枯石烂"指海水干枯，石头风化成土，多用于誓言，表示意志坚定，始终不渝。王实甫《西厢

248

记》第五本第二折："这天高地厚情，直到海枯石烂时。"

"石"还用作量词，读 dàn。一指容量单位，十斗为一石。《庄子·逍遥游》："今子有五石之瓠，何不虑以为大樽而浮乎江湖？"二指重量单位，一百二十斤为石。《墨子·鲁问》："子之为鹊也，……而任五十石之重。"

"右"，甲骨文作 彐，表示右手。金文作 㝎，加了一个"口"。小篆作 㞢。《说文·又部》："右，手口相助也。从又，从口。"指手口并用地帮助别人，这个意义后来写作"佑"。《诗经·周颂·我将》："维天其右之。"祈求上天保佑周邦。"右"的基本义表方位，与"左"相对。《孙子·虚实》："备左则右寡，备右则左寡。"

"右"常作名词，指右手。《尚书·牧誓》："右秉白旄以麾。""白旄"指古代的一种军旗，此句意为用右手挥动白旄指挥军队。"左"和"右"是人们日常使用的字，由二者组成的词语也很多，比如"左臂右膀""左顾右盼""左邻右舍""左思右想""左提右挈""左右逢源""左右为难"等。

可见，"石"和"右"虽然字形相近，但意义和用法差别很大。它们虽然都有"口"字，但一个表示石头，一个表示嘴巴。

115. "戍""戊"和"戌"

　　"戍"（shù）、"戊"（wù）、"戌"（xū）这三个字形体相近，不易区分。"戊"中间加一点是"戍"，加一短横是"戌"。那么，为什么这些细微的区别就决定了它们意义的不同？这要从字源去看看。

　　"戍"，甲骨文作𢦏，右边是"人"，左边是"戈"。《说文·戈部》："戍，守边也。从人持戈。""戍"义为持戈守卫边疆。小篆作𢦏，依然保留着"人"的字形。秦简作𢦏，这个字形所从的"人"旁上部或与"戈"所从的横画相交，进一步变成"戍"。《史记·陈涉世家》："二世元年七月，发闾左适戍渔阳九百人。"这句话讲了陈胜、吴广起义前的背景，秦二世元年七月，朝廷征发百姓去驻守渔阳。

　　"戊"，甲骨文作𢻻、𢻻、𢻻、𢻻等形，金文有𢻻、𢻻、𢻻、𢻻、𢻻、𢻻等形，皆像兵器。郭沫若《甲骨文字研究·释干支》："戊象斧钺之形。"可知"戊"的本义是兵器，不过此义罕见用例。"戊"主要表示天干的第五位。《诗经·小雅·吉日》："吉日维戊。""戊夜"

指五更时分。商代有个青铜器后母戊方鼎，是今天所见最重的青铜器，其中"后母戊"为商王母亲庙号。

"戌"，甲骨文作𰵌，金文作𰵋。《汉语大字典》："甲骨文、金文戌象广刃兵器形，与戉（yuè）、戊、戚形制大同小异，与今之斧形相近。借为干支字后，本义遂失。""戌"同"戊""戉"等一样，本义是类似于斧的兵器。后"戌"被借用表示地支第十一位。"戌时"旧时计时法指晚上七时到九时。《三国演义》第十九回："明日大利，宜用戌、亥时。""戌"又用于纪年。如清朝末年有一次政治改革叫"戊戌变法"，又称"戊戌维新"，这场运动发生在1898年，为戊戌年。

可见，"戌"里面的一点是"人"的一笔，从"人"，从"戈"，本义是守卫。"戊""戌"都是一种类似于斧头的兵器，但两字都常用其假借意义，"戊"假借为天干的第五位，"戌"假借为地支的第十一位。

116. "束" 和 "朿"

　　"束"和"朿"这两个字很像，只是"朿"比"束"多了两点。为什么仅多了两点就是两个不同的字？它们之间有没有联系呢？

　　"束"，甲骨文作🌳，在"木"上加一个圆圈，像束木之形。《说文·束部》："束，缚也。从口、木。"本义是捆绑。《左传·襄公二十八年》："士皆释甲，束马而饮酒。"又如《礼记·玉藻》："童子之节也，缁布衣，锦缘，锦绅并纽，锦束发。"清朝以前，汉族男孩十五岁束发为髻，成童；二十岁行冠礼，成年。因此束发也代指成童的年龄。成语"束手无策"的意思是手被绑住，无法解脱，也用来形容遇到问题毫无解决办法。"束"引申指控制、限制。《庄子·秋水》："曲士不可语于道者，束于教也。"

　　"束"还用作量词，表示捆在一起或合在一起的长条状东西。《诗经·小雅·白驹》："生刍（chú）一束，其人如玉。""生刍"是喂牲畜的青草。今"束"也作名词，指聚集成条状的东西，如"光束""电子束""中子柬"等。

"柬"在"束"的基础上多了一个倒"八"字，金文作𣏔。《说文·束部》："柬，分别简之也。从束，从八。八，分别也。"段玉裁注："为若干束而分别之也。"意思是把束起来的东西分门别类，进行挑拣。"柬"的本义为选择、挑选。《荀子·修身》："安燕而血气不惰，柬理也。"这句话讲：君子修身，生活安逸但精神上却不懈怠懒散，因为君子选择了合理的生活方式。词语"柬寄"是选拔并委以重任的意思。欧阳修《赐外任臣寮进奉乾元节银绢马敕书》："汝夙以敏材，膺于柬寄，及此奉觞之节，载陈任土之仪。"

"柬"的选择、挑选义后来由"拣"承担，而"柬"被人们假借为"简"，是信件、名片、帖子等的泛称，如"请柬""书柬""柬贴"等。请柬是邀请客人参加某项活动而发出的礼仪性书信。使用请柬，既可以表示对被邀请者的尊重，又可以表示邀请者对此事的郑重态度。如结婚请柬，在中国由来已久，形式有直有横，颜色多为大红色。清朝把结婚请柬称为"团书"，当男方与女方订婚后，就会印制团书告知众亲友。

可见，"束"和"柬"在形义上是有联系的，"柬"从"束"，在其中又加入了"八"字，表示挑拣。

117."衰""哀"和"衷"

"衰""哀""衷"的区别在于中间部件,"衰"的中间看起来是一横穿过了"口","哀"从口,"衷"从"中"。这些不同的部件各自承担了什么功能?如果去掉中间的部分,可以看到它们都有一个"衣",那么它们都跟衣服有关吗?

先来看"衰"字。《说文·衣部》:"衰,草雨衣。"金文作🜚,是蓑衣之形。王筠《说文释例》:"上象其覆,中象其领,下象编草之垂也。""衰"后作"蓑"(suō)。古代的雨衣是用草编织的,因此加了一个草字头。又因为蓑衣是一层层编成的,所以"衰"引申为等级、次第,读 cuī。《左传·桓公二年》:"庶人、工、商,各有分亲,皆有等衰。"它又借用为"缞",是古代用粗麻布制成的毛边丧服。

"衰"由等差引申为减少,读 shuāi。《左传·庄公十年》:"一鼓作气,再而衰,三而竭。"意思是:第一次击鼓,士气会大大增加;第二次击鼓,士气就会减弱了;第三次击鼓,就没有士气了。

再来看"哀"字。金文作𢂷，字形是"衣"中间有一个"口"。《说文·口部》："哀，闵也。从口，衣声。""哀"有悲伤、怜悯之义。《诗经·小雅·蓼莪》："哀哀父母，生我劬（qú）劳。"说可怜的父母啊，为生养我受尽劳苦。又如陆游《十一月四日风雨大作》："僵卧孤村不自哀，尚思为国戍轮台。"讲的是陆游自己穷居孤村，躺卧不起，此时他并不为自己的处境感到悲伤，而是心中还想着替国家戍守边疆。

最后来看"衷"字。《说文·衣部》："衷，里亵衣。从衣，中声。"段玉裁注："亵衣，有在外者，衷则在内者也。""衷"本义为贴身的内衣。引申指穿在里面。《左传·襄公二十七年》："楚人衷甲。""衷甲"就是把铠甲穿在衣中。再由内衣引申为内心。《左传·僖公二十八年》："今天诱其衷，使皆降心以相从也。"成语"言不由衷"指说的话不是出于真心实意，心口不一。

我们看了"蓑""哀""衷"的字源，知道了"蓑""衷"的本义分别指的是草编成的雨衣、贴身的衣服，均与"衣"有关，而"哀"从"口"，"衣"声，是悲伤的意思。

118. "甩"和"用"

"甩"和"用"字形相似，区别在于最后一笔是竖弯钩还是竖。前一个是"甩掉"的"甩"，后一个是"用力"的"用"。为什么这点细小的差别就形成了两个不同的字呢？这需要追溯一下它们的来源。

先来看一下"甩"字。"甩"是新造字，"捽"字的俗写，早期白话文中就写作"捽"。明代凌濛初《二刻拍案惊奇》："说罢，书生飘然而去。寄华扯住不放，被他袍袖一捽，闪得一跌。"这里的"捽"表示扔、抛开的意思。这一意思后用"甩"字。《海上花列传》第四十一回："下得楼梯，未尽一级，猛可里有一幅洋布手巾从客堂屏门外甩进来，罩住阿珠头面。"

《红楼梦》第六十六回："湘莲不舍，忙欲上来拉住问时，那尤三姐一捽手，便自去了。"这里"捽"表示挥动，指把事情丢下不管。"捽手"也作"甩手"。《儿女英雄传》第九回："就算我是个冒失鬼，闹了个烟雾尘天，一概不管，甩手走了。"

今天商场处理积压或过时商品时经常使用"赔本大甩

卖"一词，意思是商店以明显低于原来售价的价格大量抛售货物。这常常是商家的活动标语，是一种促销手段。

再来看"用"字。甲骨文作𤰆、𤰜等，像桶之形，左边像桶身，右边像把手，本义是桶。在甲骨卜辞中，"用"与"不用"表示命辞内容是否能够施行。《说文·用部》："用，可施行也。从卜，从中。卫宏说。"许慎引用卫宏的说法，认为"用"是施行、使用的意思。《诗经·召南·采蘩》："于以用之？公侯之事。"引申为见用于世、任用。《诗经·小雅·十月之交》："四国无政，不用其良。"

"用"又引申为用处、功用。《庄子·逍遥游》："今子有大树，患其无用，何不树之于无何有之乡、广莫之野，彷徨乎无为其侧，逍遥乎寝卧其下？"大意是说：现在你有一棵大树，担忧它没有用处，为什么不把它种在虚无之乡、广阔无边的原野，然后随意地徘徊在它的旁边，逍遥自在地躺在它的下面？"用"又泛指费用、花费的钱财。《论语·学而》："敬事而信，节用而爱人，使民以时。"大意是说：处理国事要恭敬谨慎而又恪守信用，节约财政开支而又爱护官吏臣僚，役使百姓要不误农时。

"用"在《说文》中是一个部首，其下有四个属字，如："甯，所愿也。从用，宁省声。"今天所说的"宁愿"的"宁"，本字就是"甯"。

了解了"甩"和"用"的来源，对于它们意义和用法的差别就比较清楚了。

119. "拴"和"栓"

"拴"和"栓"读音相同，区别在于左边，一个是"扌（手）"，一个是"木"。前一个是"拴马"的"拴"，后一个是"枪栓"的"栓"。那么加"扌（手）"和加"木"在意义上有什么不同呢？

"拴"左边的"扌"是"手"字的变形。"手"可作动词，义为拿着、执持。如《公羊传·庄公十三年》："曹子手剑而从之。"由"手"字组成的词往往有亲手、亲自的意思。如"手札""手记""手迹"等。用"手"作意符的字可以分为两类：一类是名词，指手的部分，如"拳""掌""拇""指"等；一类是动词，指手的动作，如"握""持""打"等。

讲清楚了"手"，再来看"拴"字。"拴"是形声字，从"手"，"全"声。"拴"是一个晚起字，本义是系、捆绑。《元曲选·孙仲章〈河南府张鼎勘头巾杂剧〉》楔子："我下马来，把马拴在树上。""拴"又为动词，上闩。王实甫《西厢记》第三本第二折："我将这角门儿世不曾牢拴。"也可用为名词，门闩，这个意义今天多用"栓"字。

再来看"栓"字。"栓"是形声字，从"木"，"全"声。本义是木钉，后来指器物上用作开关的机件。皮日休《蓝田关铭》："千岩作锁，万嶂为栓。"随着科技的进步，"栓"还表示用其他材料制作的器物上用作开关的机件，如"门栓""枪栓""炮栓"等。还可以泛指形状或作用像塞子的东西，如"瓶栓""栓剂""血栓"等。

可见，"拴"与手有关，主要作动词，表示动作，"栓"主要表示开关机件，这样就比较容易区分了。

120. "腾" 和 "滕"

　　"腾"和"滕"字形相近，区别是一个从"马"，一个从"水"。两个字声符一样，怎么去区分它们呢？

　　"腾"是一个形声字，从"马"，"朕"声。《说文·马部》："腾，传也。"注意这里的"传"读 zhuàn，指用以传递公文等的驿车。这样的驿车速度快，注重时效性。又为动词，传递。《淮南子·缪称训》："子产腾辞，狱繁而无邪。""腾"又指马儿奔跑，引申为跳跃。《庄子·逍遥游》："我腾跃而上，不过数仞而下。"有一个成语是"飞黄腾达"。"飞黄"是传说中的神马，"腾达"形容马飞驰的样子，这一成语后多比喻官职、地位升得很快。冯梦龙《醒世恒言》第二十卷："且不要论别处，只这苏州城里有无数高才绝学，朝吟暮读，受尽了灯窗之苦，尚不能勾飞黄腾达。"

　　"腾"也泛指上升。《礼记·月令》："天气下降，地气上腾。"这里的"地气上腾"指阳气升起来，使冻着的土地消融了。"腾云驾雾"指乘着云，驾着雾，在空中飞行。《西游记》第十七回："爷爷呀！原来是腾云驾雾的神圣下界！"

"腾"还指使空（kòng）出，这是后起义。《金瓶梅词话》第七十一回："昨日他老公公多致意，烦堂尊早些把房儿腾出来，搬取家眷。"又指挪移、匀借。《儒林外史》第二十回："家里一个钱也没有，我店里是腾不出来，就算腾出些须来，也不济事。"

它还用在动词后边，表示反复，如"折腾""闹腾"。这个义项出现很晚，用于北方方言，读轻声。

再来看"滕"字。《说文·水部》："滕，水超涌也。从水，朕声。"本义是水向上腾涌，此义少用。《诗经·小雅·十月之交》："百川沸滕。"意思是条条河流像沸水般向上涌起。此义后用"腾"。

"滕"又为周代诸侯国名，在今山东省滕州市，旧称"滕县"。《孟子·梁惠王下》："滕，小国也，间于齐、楚。"说滕是个小国，位于齐国和楚国之间。滕州是墨子、鲁班、奚仲、孟尝君、毛遂的故里。唐贞观年间，唐太宗李世民之弟李元婴曾被封于山东滕州，为滕王。李元婴在滕州城内筑一阁楼，名为"滕王阁"（已被毁）。后滕王李元婴调任江南洪州（今江西省南昌市），因思念故地滕州，于是又在那里重建了滕王阁。唐代诗人王勃为此而作的《滕王阁序》，脍炙人口，广为流传。

可见，"腾"和"滕"的表义部件"马"和"水"决定了它们意义和用法的不同。

121. "誊" 和 "誉"

　　"誊" 和 "誉" 字形相似，下半部分都是 "言"，上半部分也接近，容易混淆。"誊" 的上边与 "卷" 的上边一样，而 "誉" 的上半部分是 "兴"。"誊" 和 "誉" 本来就这样相似吗？

　　"誊"，繁体字作 "謄"，读 téng。《说文·言部》："謄，迻（yí）书也。从言，朕声。""迻"，通作 "移"，"迻书" 即 "移书"，"謄" 的意思就是抄写，今简化为 "誊"。《元史·选举志一·科目》："凡誊录试卷并行移文字，皆用朱书。" 与之相关的有誊录书手、誊录官、誊录所、誊录生、誊录院等。誊录完以后，还要对读，这是为了防止誊写的时候出错。一般选取文理都通晓的生员为对读生，他们的工作就是校对。

　　"誉"，繁体字作 "譽"，形声字，从 "言"，"與" 声。《说文·言部》："誉，称也。" 意思是称颂、赞美。《庄子·盗跖》："好面誉人者，亦好背而毁之。""誉人" 就是赞美别人。"誉" 作名词的时候，是美名、名声的意思。《孟子·告子上》："令闻广誉施于身，所以不愿人之文绣也。"又如颜之推《颜氏家训·名实》:"吾见世人,清名登而金贝入,信誉显而然诺亏。"说我看到那些世俗之人,获得了清廉的名声,金钱也随之而来,诚实的名誉显扬了,可是对人的许诺却不兑现了。

我们分析了"誊"和"誉",知道了"誊(謄)"的声符是"朕","誉(譽)"的声符是"與"。这在简化字中看不出来,需要分析它们的繁体字。

122.“天”和“夭”

“天”和“夭”很相似，区别在于第一笔：“天”的第一笔是横，“夭”的第一笔是撇。“袄”字的右边就不能写成“天”，“吴”的下边也不能写成“夭”。为什么如此细微的差别就成了两个完全不同的字呢？这就需要追溯一下它们的字源。

“天”，甲骨文作 𝍒，金文作 𝍒，小篆作 页。甲骨文和金文都很像一个站立的人形，突出了人的头部。《说文·一部》：“天，颠也。至高无上，从一、大。”本义就是头顶。如头盖骨或头颅称作“天灵盖”，前额中央称作“天庭”等。“天”的常用义指天空，与“地”相对。《诗经·唐风·绸缪》：“绸缪束薪，三星在天。”又如杨万里诗“接天莲叶无穷碧”描述的就是密集的荷叶层层相叠，一望无际的绿色与天空相连接。由此又引申出很多意思。首先天空有昼夜变化，一昼夜为二十四小时，于是一个昼夜被称为“一天”。其次天空可以展示不同的气象特征，如风霜雨雪，因此“天”又可以指天气。《礼记·月令》：“（季春之月）行秋令，则天多沉

264

阴。"昼夜是时间的转换，季节是更长时间的转换，这个转换区分了春夏秋冬四季，这里"天"又有了季节的含义。无论昼夜变化还是季节更替，都是自然变化，因此"天"又有自然、天然的意思。比如"巧夺天工"说的就是灵巧、精巧的人工胜过天然形成，形容技艺十分高超。

古人认为天是有意志的神，是万物的主宰，所以又出现"天意""天命"等词。《诗经·邶风·北门》："天实为之，谓之何哉？"其中"天"有天命之义。《诗经》中的"天"还可指天子、父亲等。

再来看"夭"字。甲骨文作{}，像两条胳膊在摆动的人形。《说文·夭部》："夭，屈也。从大，象形。""夭"本义是弯曲。太弯曲了就容易折断，故"夭"还可指人短命、早逝。《管子·形势》："寿夭贫富，无徒归也。"《释名·释丧制》："少壮而死曰夭，如取物中夭折也。"意思是未成年的人死去叫"夭"，这个意义后作"殀"。"夭折"一词表示年龄很小就死亡了，今天也常用于描述某一事情中途失败或者无法继续进行。

"夭"还假借指草木茂盛的样子。《诗经·周南·桃夭》："桃之夭夭，灼灼其华。"这里的"夭夭"和"灼灼"都表示花开茂盛的样子。

可见，"天"的本义是头顶，"夭"的常用义为不正、早逝。两者区别是明显的，写字时一定要注意它们第一笔的不同。

123. "田"和"由"

　　"田"和"由"是两个很像的字，区别在于中间的"丨"露不露头。为什么仅这一点的区别就是两个完全不同的字呢？

　　先来看"田"字。"田"是一个象形字，甲骨文作 ⊞，像一块田地，应为田猎的方阵。金文作 ⊞，与现在的"田"字非常相似。《说文·田部》："田，陈也，树谷曰田。象四口，十，阡陌之制也。"许慎用"陈"解释"田"，而"陈"与"阵"为古今字。古代田猎有战争演习的性质，需要摆阵以待，故云"田，陈也"。按古代的狩猎制度，当在王公贵族的狩猎之圃内划分田猎区域，"田"即像此形。这个意义后来写作"畋"。或说"田"像田亩阡陌纵横之形，上古驱兽焚烧野草杂树所开辟的空地正好可用为农田，故田猎与田地两义实出于一源。周代实行井田制，这里的井田指农耕之田，字义已转移。金文中的"田"可以指耕种的土地。《诗经·小雅·大田》："大田多稼，既种既戒，既备乃事。"这是一首周王祭祀田祖的祈年诗，大意是：广阔的田地上将种上庄稼，农夫们忙着挑选种子、整修农具，准备工作已经就绪。在封建社会，统治者们会将田地赐给亲属臣僚等有功之人，叫作"赐田"。《南史·王骞传》："骞旧墅在寺侧者，即王导赐田也。"所谓"家大业大"的"业"也多指田地数量。

"田"也是一个汉字部首，从"田"的字多与田猎、耕种有关，如"畦""畎""界""甸""町"等。

再来看"由"字。《说文》中无"由"字。"由"的常用义指从此行走，如《论语·雍也》："子曰：'谁能出不由户？何莫由斯道也？'"人要从屋子里走出去，一定要经过门，谁能出去不走门呢？"由"也因此引申为介词，表从、自。《诗经·齐风·南山》："鲁道有荡，齐子由归。""子"在古代是对人的一种美称，不论男女，均可称"子"。这里的"子"指齐襄公同父异母的妹妹文姜。此句大意是：鲁国的大道宽阔又平直，文姜从这里去嫁人。"由"也有听从、顺随的意思。孔子的弟子请教孔子什么是"仁"？孔子回答道："克己复礼为仁。一日克己复礼，天下归仁焉。为仁由己，而由人乎哉？"这句话出自《论语·颜渊》，意思是：克制自己，一切都照着"礼"的要求去做，这就是"仁"。

"由"还有一个常用义是原因、缘故。相关的词语有"理由""缘由""因由""来由""根由"等。

可见，"田"和"由"只是偶然的形近，它们的意义和用法均不相同。

124. "廷"和"延"

　　"宫廷"的"廷"和"延迟"的"延"形体接近，容易弄混。"廷"字的中间不是天干的第九位"壬"，"延"字的中间也不是"正"。那么，如何去分辨"廷"和"延"呢？

　　先来看"廷"字。《说文·廴（yǐn）部》："廷，朝中也。"指朝廷。西周铭文中"廷"多表示君王上朝宣布政令的地方。常见的有"中廷""大廷""东廷"等。颂壶："宰引右颂入门，立中廷。"又如《庄子·渔父》："廷无忠臣，国家昏乱。""廷"还指庭院。如《诗经·唐风·山有枢》："子有廷内，弗洒弗扫。"意思是有庭院不能洒扫。这是在讽刺晋昭公，他不理朝政，致使民心散乱，社稷危亡，但是自己却全然不知。这个意义后来写作"庭"。

　　"廷"在构字时多作声符。如"莛"是草本植物的茎，"蜓"指蜻蜓，"霆"是暴雷、霹雳，"梃"指棍棒等，"挺"为笔直，"艇"指游艇、汽艇等。

　　再来看"延"字，它与"㢟"（chān）本为一字。

甲骨文、金文中"延"字多用为"延"。《说文·延部》："延，长行也。"许慎说"延"的本义是迈步向前走下去。常用义是伸展、引长等，如《左传·成公十三年》："君亦悔祸之延。"又如《庄子·胠箧》："今遂至使民延颈举踵，曰'某所有贤者'，赢粮而趣之。"大意是：现在使老百姓伸长了脖子，踮起脚后跟，到处张望打听什么地方有好官，然后装上干粮往那里投奔。"延"又有引进、接待义。《汉书·公孙弘传》："于是起客馆，开东阁，以延贤人。"今常用"延请""延聘"等说法。

"延"在构字时常用作声符，如"蜿蜒"的"蜒"、"喜筵"的"筵"、"诞辰"的"诞"、"垂涎三尺"的"涎"等。

125."吞"和"吴"

"吞"和"吴"都有"天"和"口"，只是颠倒了上下位置，就是两个字了。这是怎么形成的呢？

"吞"是一个形声字，从"口"，"天"声。《说文·口部》："吞，咽也。"本义是不嚼或者不细嚼，整个儿咽下去。《史记·刺客列传》："豫让又漆身为厉，吞炭为哑。"又如《西游记》第六十二回："你看八戒放开食嗓，真个是虎咽狼吞，将一席果菜之类，吃得罄尽。"朱自清在《经典常谈·四书第七》中谈到："那时先生不讲解，只让学生背诵，不但背正文，而且得背朱熹的小注，只要囫囵吞枣地念，囫囵吞枣地背；不懂不要紧，将来用得着，自然会懂的。""吞"还比喻忍受着不发作出来。《后汉书·曹节传》："群公卿士，杜口吞声，莫敢有言。""杜口"指堵住嘴巴、不说话。成语有"忍气吞声"。"吞"还引申为吞并、兼并。《战国策·西周策三》："兼有吞周之意。"指同时有吞灭周朝的野心。"吞"在这个意义上也指非法把别人的或者公共的财产等据为己有，如"侵吞""独吞""吞并"等。

"吴"是一个会意字，旧字形作"吴"。甲骨文作 ，上"口"，下"夭"，金文作 。《说文·矢部》："吴，大言也。"段玉裁注："大言非正理也。"本义是大声说话、喧哗。《诗经·周颂·丝衣》："不吴不敖，胡考之休。"意思是：不喧哗也不傲慢，保佑我长寿且吉祥。

"吴"多用来作国名与地名。《左传·成公七年》："巫臣请使于吴。"三国时，孙权占据江南，称吴。由于孙吴与曹魏、蜀汉呈鼎立之势，所统治地区又在东部，也称东吴。

可见，两个字的意符都是"口"。"吞"中的"天"是声符，而"吴"下面的部件本不是"天"，而是"矢"字的变形。

126. "枉"和"柱"

"枉"和"柱"都从木字旁,"柱子"的"柱"从"木"很好理解,那么"枉"为什么从"木"呢?

"枉",小篆作𣏟。《说文·木部》:"𣏟,邪曲也。"指弯曲、不正。现在字形中的"王"是隶变后的结果。《淮南子·本经训》:"矫枉以为直。"意思是把弯曲的矫正成直的。成语"矫枉过正"说把弯的东西扳正,又歪到了另一边,比喻纠正错误超过了应有的限度。"枉"由指物的不直、不正,引申用于人的行为、品性等。《论语·颜渊》:"举直错诸枉,能使枉者直。"任用正直的人,废除邪枉的人,一切都会恢复到正道上。"枉"还特指歪曲法律,在诉讼审判中不公正。《吕氏春秋·仲秋》:"命有司申严百刑,斩杀必当,无或枉桡。""枉"也作副词,表示徒然、白白地。李白《清平调》其二:"一枝红艳露凝香,云雨巫山枉断肠。"

再来看"柱"字。《说文·木部》:"柱,楹也。从木,主声。"本义指支撑房屋的立柱。《战国策·燕策三》:"荆轲逐秦王,秦王还柱而走。"这是"荆轲刺秦王"中的两句，说荆轲追逐秦王，秦王绕着柱子跑。"柱"又泛指像房柱的东西。《庄子·盗跖》："水至不去，抱梁柱而死。""柱"又特指琴上系弦的小木块。《史记·廉颇蔺相如列传》："王以名使括，若胶柱而鼓瑟耳。"成语"胶柱鼓瑟"由此而来，讲的是用胶把琴柱粘住以后加以演奏，柱不能移动，就无法调弦，自然弹不出曲子来。后用这一成语比喻固执拘泥，不知变通。

学习了"枉"和"柱"，我们知道了它们的本义都跟"木"相关。"枉"指不正，"柱"指柱子。

127. "唯"和"惟"

"唯"和"惟"的读音完全一样，区别在于它们的意符不同，一从"口"，一从"心"。那么，两个字在意义上有没有联系呢？

"唯"是一个形声字，从"口"，"隹"声。《说文·口部》："唯，诺也。"《说文》用"应"解释"诺"，"唯"本义是答应的声音。《论语·里仁》："子曰：'参乎！吾道一以贯之。'曾子曰：'唯。'"孔子对曾子说："参呀！我的学说有个观念贯穿始终。"曾子回答："是。"

我们还要区分一下"唯"和"诺"。二者都表示应答的声音。"唯"应答疾速一些，"诺"则缓和一些。相较于"诺"，"唯"更显得恭敬。《礼记·曲礼》："父召无诺，先生召无诺，唯而起。"

"唯"又作副词。一表独、只。《周易·乾》："知进退存亡而不失其正者，其唯圣人乎！"二是作语气副词，多表希望。《左传·僖公三十年》："阙秦以利晋，唯君图之。"

"惟"也是一个形声字，从"心"，"隹"声。《说文·心部》："惟，凡思也。"本义是思考。《诗经·大雅·生民》："载谋载惟，取萧祭脂。"大意是说谷熟而谋划祭祀等事宜。又如《战国策·韩策一》："此安危之要、国家之大事也，臣请深惟而苦思之。"大意是说：这是涉及国家存亡的大事，还是让我考虑成熟再说吧。"惟"也假借用作副词，表示范围，意思是仅仅、独、只。《孟子·梁惠王上》："无恒产而有恒心者，惟士为能。"

"惟"又用作语气词。《尚书·泰誓》："惟十有一年，武王伐殷。"在用为句首语气词时，"惟"与"唯""维"通用；当表示仅仅、只有时，"惟""唯"通用，如"唯一"也可以写作"惟一"。

128.“胃”和“胄”

　　“胃”和“胄”字形相近，不同之处在于“胃”上边是“田”，“胄”上边是“由”。我们对“胃”字比较熟悉，对“胄”字可能比较陌生，如何去区分它们呢？

　　“胃”，金文作 𦜉 。字形上半部表现的是胃中的各种食物，下面为“肉”。“肉”经隶变后与“月亮”的“月”混同。现在从“月”的字有一部分其实从“肉”，如“肝”“肺”“脏”“腑”等。《说文·肉部》：“胃，谷府也。”本义是胃脏。《灵枢经·五味》：“胃者，五藏六府之海也。”人体的胃与五脏心、肝、脾、肺、肾不同，它是空腔器官，中医称为“腑”。中医说的人体“六腑”指胃、大肠、小肠、三焦、膀胱、胆，它们的功能是容纳、消化食物。

　　“胃”还指星名，为二十八宿之一。《礼记·月令》：“季春之月，日在胃。”

　　再来看“胄”（zhòu）字。古代称帝王或贵族的后代为“胄”。《说文·肉部》：“胄，胤也。从肉，由声。”《三国志·蜀书·诸葛亮传》：“将军既帝室之胄，信义

276

著于四海。"这里的"帝室之胄"就是指刘备。

需要注意的是"胄"还指头盔。《左传·僖公三十三年》:"（先轸）免胄入狄师。""免胄"即脱下头盔。但这个意义的原字形并不是"胄"，而是"冑"。"胄"下边是由"肉"隶变成的"月"，而"冑"下边并不是"月"，而是"冃"的变形。"冑"金文作𦥑，上边是个头盔，下边的"冃"代表头部。小篆作𤲲，下边变成了"冃"（mào），上边讹变为"由"。可见，"贵胄"之"胄"与表示头盔的"甲冑"之"冑"本非一字，在隶变楷化后两字才混同的。

讲到这里，我们应该清楚了，"胃"上边是"胃"的象形，而"胄"有两个意义，本从"肉"的表示贵胄，本从"冃"的表示头盔。

129."无"和"元"

汉字"无"和"元"的笔画很简单，二者区别在于左边的一撇是不是穿过了中间的那一横。为什么这一笔的差异就是两个字呢？

"无"，繁体字是"無"。"無"的甲骨文字形是，为象形字，似一人拿着舞具（牛尾之类）跳舞的样子。因为"無"被借用表示没有的意思，所以又造了"舞"字，表示跳舞。《甲骨文合集》20973："丙子卜：今日雨，無（舞）。""無"就是"舞"。甲骨卜辞中"無（舞）"多为祈求下雨的祭祀之舞。"無"假借为"有无"之"無"在铭文中可见。兮甲盘："其眉寿万年無疆，子子孙孙永宝用。"今《周易》中"無"字都作"无"。《周易·乾》："君子终日乾乾，夕惕若厉，无咎。"《庄子》也多作"无"。

"无"在《说文》中已出现，许慎说它是"奇字"，"无"当时应是"有无"之"無"的俗体。宋元以来的小说戏曲刻本多以"无"代"無"。汉字简化时，"无"被规定为"無"的简化字。中古后"无"还用作疑问词，犹"否"。朱庆馀《近试上张水部》："妆罢低声问夫婿，画眉深浅入时无？"

"元"，甲骨文作𠀖或𠀉，一个人上面有一横或者两横，代指头部。"元"本义为人头。《左传·哀公十一年》："公使大史固归国子之元。""元"即人头。"元"引申指首领，如"元帅"是统率全军的首领，"元首"是国家的最高领导人。因为人头是人体的开始，所以"元"又引申指开始、第一。《说文·一部》："元，始也。"如古代帝王登基后的第一年称为"元年"，每年的第一个月是"元月"，新年的第一天称为"元旦"。"元"字也用来表示天地万物的本原。如古人认为"元气"是产生和组成世界万物的原始物质，"元气"中的"元"就是本原。

"元"还表示原来。陆游《示儿》："死去元知万事空，但悲不见九州同。"这一意义后作"原"。

我们了解了"无"和"元"的字源，就知道了"无"的本义是"有无"之"無"的异体，而"元"本义为人头。

130. "熹"和"憙"

"熹"（xī）和"憙"（xǐ）不是常用字，它们都有一个相同的部件"喜"，那么"喜"在其中有什么功能呢？如何去区分这两个字呢？

"熹"，甲骨文作，下边是"火"。小篆作，隶书变"火"为四点。汉字中从"灬"的多指"火"，如"烹""熟""煎""熬"等。不过也不是所有带"灬"的都指火，如"燕""魚（鱼）"等。《说文·火部》："熹，炙也。""熹"本义是烧烤。由此引申为光明。《管子·侈靡》："有时而星熹。"又如陶渊明《归去来兮辞》："问征夫以前路，恨晨光之熹微。""熹微"指天刚亮阳光微弱的样子。

再来看"憙"字。"喜"甲骨文作，金文作，上面是鼓的形状，下面是口形；表示人听到鼓乐声，开口而笑。《说文·喜部》："憙，说也。""憙"是喜悦之义。为什么要在"喜"下面加一个"心"呢？这可能是强调喜悦是一种心理活动。《荀子·尧问》："楚庄王以忧而君以憙。"又如司马迁《史记·高祖本纪》："诸所过毋得掠卤，秦人憙，秦军解，因大破之。"

今"憙"多用于人名，而喜悦、喜好等义通作
"喜"。

了解了"熹"和"憙"的字源，我们就知道了它们
的共同部件"喜"表音（"憙"中"喜"声中兼义），不
同的部件"灬"和"心"表意，这是我们区分两个字的
关键。

131. "洗"和"冼"

　　"洗"和"冼"的差别只是多一个点和少一个点的问题。为什么"洗"少了一个点就成了另一个字呢？

　　先来看"洗"字。《说文·水部》："洗，洒（xǐ）足也。""洗"的本义是洗脚。《史记·黥布列传》："淮南王至，上方踞床洗。"又泛指用水洗去污垢。《诗经·大雅·行苇》："或献或酢（zuò），洗爵奠斝（jiǎ）。""洗爵"是周时礼制，主人敬酒，取几上的酒器先洗一下，再斟酒献客，客人回敬主人，也是如此。成语"洗耳恭听"形容恭恭敬敬听人讲话的态度。"洗"又引申为清除、洗刷，如"洗冤"就是洗雪冤枉，"洗心革面"说的就是清除内心的污垢，改变旧日的面目，比喻彻底悔改或者转变。

　　有两个字的意思和"洗"有交叉，分别是"涤"和"濯"，需要区分。古代"濯"字含义最广，可用于洗衣服、洗器物及洗发等。"涤"一般用于洗器物。"洗"最初指洗脚，后来代替了"濯"和"涤"，词义扩大，泛指洗涤。

相比之下"冼"的意义就很单一了。"冼"读 xiǎn，表示姓。本作"洗"，后变为"冼"。南北朝时有冼夫人，现代有著名作曲家冼星海。冼星海的代表作《黄河大合唱》1939 年首次发布，歌曲慷慨激昂，在中国人民抗日战争时期起到鼓舞人心的巨大作用。

可见，"洗"的本义是洗脚，后泛指各种洗刷，"冼"主要用于姓氏。

132. "享"和"亨"

"享"和"亨"这两个字很像，区别在于下面是"子"还是"了"。它们之间是否有联系呢？这需要从它们的字源谈起。

先来看"享"字。甲骨文作㿟，高台之上有建筑，像祭祀之所。西周金文作㿟，高台由长方形变成圆形，圆中加一短横。春秋战国文字在此基础上继续简化，战国秦文字下端从"子"或"㐬"。小篆作㿟，隶定为"㝵"（xiǎng）。《说文·㝵部》："㝵，献也。从高省。曰象进孰物形。《孝经》曰：'祭则鬼㝵之。'"许慎说"㝵"的意思是享献、享祭，字形从"高"有省略，"曰"像进献的祭品，《孝经》上说：进献祭品让鬼神享用。段玉裁《说文解字注》："据玄应书，则㝵者，籀文也。小篆作㿟，故隶书作享。作享，小篆之变也。"则知"享""亨"二字都源于战国秦文字。"㝵"字后来分化出"享""亨""烹"三字。

"享"本义是把祭品供献给祖先或神明。《孟子·万章上》："使之主祭而百神享之，是天受之。"说让舜来

284

主持祭祀，如果百神都来享用祭品，就表明上天接受了他。进献为"享"，接受进献也称"享"，故"享"又指鬼神享受祭品。《左传·僖公五年》："如是则非德，民不和，神不享矣。"又泛指享受。《左传·僖公二十三年》："保君父之命，而享其生禄。"

再来看"亨"字。"亨"与"享"原为一字，后享祭、享受等义专用"享"字表示。古人认为神享用祭品后能保佑进献者，由此引申为顺利、通达义，这一意义专门用"亨"表示。从此，"亨"与"享"分化为两个字。《说文》无"亨"字。其常用为亨通之义，如《周易·坤》："品物咸亨。"今还用"万事亨通"祝福他人。

可见，"享"和"亨"本为一字，后来因为承担着不同意义，分化成了两个字。

133. "刑" 和 "邢"

"刑" 和 "邢" 的区别在于一个是立刀旁，一个是右耳旁。它们的部首差异是造成其意义和用法不同的原因吗？

"刑法" 的 "刑" 在西周中期都用 "井" 来表示，西周晚期加 "刀" 表意，写作 "荆"，与 "井" 分化。"刑" 本为 "荆" 的讹变，但在《说文》中分为 "刑" "荆" 两个字。"刑" 在 "刀" 部，云："到也。""荆" 在 "井" 部，云："罚罪也。"《尚书·大禹谟》："刑期于无刑。"说刑法的目的在于没有刑罚。"刑" 又泛指肉刑、死刑。《周礼·秋官·司刑》："掌五刑之法。"这里的 "五刑" 指古代五种非常残酷的刑罚，分别是墨、劓（yì）、宫、刖（yuè）、大辟。墨指在脸上刺字并涂墨，也叫 "黥"（qíng），劓指割掉鼻子，宫指阉割生殖器，刖指把脚砍掉，大辟指杀头的死刑。

"刑" 又指仪型、典型。《诗经·大雅·荡》："虽无老成人，尚有典刑。""典刑" 就是旧法。"刑" 又指铸造器物的模子。《荀子·强国》："刑范正，金锡美，工冶巧，火齐得，剖刑而莫邪已。"这里讲铸造铜器时，模子需要规范，金锡比率合适，工匠技艺高超，火候到位，那么模子剖开后器物都是很规范的。

再来看"邢"字。右边的"阝"是"邑"字，而"邑"本义是人聚集居住的地方。《说文·邑部》："邢，周公子所封，地近河内怀。""邢"指西周时周公之子所封的诸侯国，地在今河北省邢台市。邢台，古称"邢州""顺德府"，这里发生过尧舜禅让、胡服骑射、巨鹿之战、黄巾起义等影响中国历史进程的重大事件。"破釜沉舟""鹿死谁手""民脂民膏""腹背受敌"等成语典故也都与邢台有关。

了解了"刑法"的"刑"从"刀"，"邢台"的"邢"从"邑"，就不容易将两个字弄混了。

134. "弋""戈"和"戋"

"弋"（yì）、"戈"、"戋"（jiān）这三个字十分相似，区别在于它们有几个横笔，是否有撇。为什么横、撇的不同就形成了三个不同的字呢？

先看"弋"字。甲骨文作 ，像把一根带叉的小木桩削尖了斜钉在墙上。《说文·厂部》："弋，橜（jué）也。象折木邪锐著形。从厂，象物挂之也。""橜"的异体字是"橛"（jué），指树木或庄稼的残茎。"弋"的本义是小木桩。这种小木桩在农村比较常见，村民会把一块木橛斜钉在墙上，用来挂东西或拴牲口。"弋"的金文字形作 ，隶书作 ，楷书"弋"由此演变而来。《尔雅·释宫》："鸡栖于弋为榤（jié），凿垣而栖为埘（shí）。"这句话介绍了鸡归巢栖息的两个地方。古人把鸡栖息的小木桩称为"榤"，把鸡栖息的矮墙叫作"埘"。可见古人很早就了解了鸡栖息的习性，掌握了置榤、埘供鸡栖息的养殖技术。

不过"弋"的本义使用不多，与之相关的词语多用其引申义。"弋"引申指系着绳子的短箭，用来猎取。也可用为动词，如《诗经·郑风·女曰鸡鸣》："弋凫（fú）与雁。""凫"指野鸭子，这句话的意思是用拴着绳的短箭射野鸭与大雁。因为短箭上拴有绳子，射中后就可拉绳而取，所以"弋"又引申为取。《管子·侈靡》："弋其能者。"在现代汉语中，与"弋"相关的常见词语是"游弋"，指无目标地兜游，也指在水中游动。

再来看"戈"字。戈是我国古代的一种冷兵器，盛行于商代和战国时期。它的构造一般为平头，有一个长柄，端首处装有横向伸出的短刃，刃锋向内，可用来横击、钩杀敌人。它的甲骨文作ƒ。"戈"最大的特点就是有与柄垂直的戈刃，正是根据这一特征，先民们形象地创造了"戈"字。《说文·戈部》："戈，平头戟也。从弋，一横之。象形。""戈"作为汉字部首之一，其所属字多与兵器或军事有关。例如"戟""戣"都是古代兵器，"戌""战""戒"都与军事有关。"干"和"戈"是古代的两种武器，后被人们借用指战争。《论语·季氏》："而谋动干戈于邦内。"成语"大动干戈"出自于此，今多用来比喻大张声势地行事。

最后来了解一下"戋"字。"戋"的繁体字作"戔"。《说文·戈部》："戔，贼也。从二戈。""戋"为"残"的初文，本义指伤害。戈是一种武器，双"戈"表示互相打斗，产生伤亡，互相伤害。

"戋戋"形容事物少、小。白居易《买花》："灼灼百朵红，戋戋五束素。"暮春时节，牡丹盛开，枝繁叶茂，鲜红欲滴，小小的一束花，竟然要付五捆白绢。诗人借用价格高昂的牡丹揭示了当时社会"富贵闲人一束花，十户田家一年粮"的巨大贫富差距。现代汉语中，"戋"字很少单独使用，由它组成的字却很多。用"戋"作声旁的汉字大都有少、小的含义。比如"戋"与"氵"组成"浅"，指小而少的水；"戋"与"贝"组成"贱"，指物品不贵；"戋"与"皿"组成"盏"，指古人用来盛放灯油的小碟子；等等。

说到这里，"弋""戈""戋"这三个字或多一横或少一撇为什么有这么大的区别就很清楚了。

135. "嬴""赢"和"羸"

　　"嬴""赢""羸"笔画都很多，区别是下半部分中间的字不一样，分别是"贝""女""羊"。那么，这些不同之处是不是决定了它们在意义和用法上的差别呢?

　　"赢"读 yíng。《说文·贝部》："赢，有余贾利也。"意思是经商有余利。《左传·昭公元年》："贾而欲赢，而恶嚣乎?"又泛指获取的利益、利润。《战国策·秦策五》："归而谓父曰:'耕田之利几倍?'曰:'十倍。''珠玉之赢几倍?'曰:'百倍。'"高诱注:"赢，利。"

　　"赢"后起义为获胜，与"输"相对。如白居易《放言五首》其二:"不信君看弈棋者，输赢须待局终头。"

　　"嬴"也读 yíng。《说文·女部》:"嬴，少昊氏之姓。从女，嬴省声。"本义为姓，如《后汉书·皇后纪论》:"家富于嬴国。"这里"嬴国"指秦国，秦，嬴姓。春秋时其他嬴姓国还有徐、江、黄等。"嬴"在古书中又与"赢"通用。《管子·势》:"成功之道，嬴缩为宝。""嬴缩"即指盈亏。"嬴"作声符加"氵"旁构成"瀛"，指大海，"瀛寰"即五洲四海。

"羸"读 léi。《说文·羊部》："羸，瘦也。"徐铉说："羊主给膳，以瘦为病，故从羊。""羸"本义是瘦弱。《史记·扁鹊仓公列传》："形羸不能服药。"又如王充《论衡·道虚》："心愁忧苦，形体羸癯。"意思是心愁忧苦，身体就会瘦弱。

可见，"赢""嬴""羸"三个字声符相同，而不同之处是分别用"贝""女""羊"表意，这样就比较好区分了。

136. "帐" 和 "账"

　　"帐" 和 "账" 非常像，很容易弄混。是 "记账" 还是 "记帐" 呢？ "帐" 从 "巾"，"账" 从 "贝"，如何去区别它们呢？

　　先来看 "帐" 字。《说文·巾部》："帐，张也。从巾，长声。" 为什么《说文》要用 "张" 来解释 "帐" 呢？ 这是因为表幕帐义的字本写作 "张"，后来改 "张" 的 "弓" 旁为 "巾" 而成 "帐"。《史记·袁盎晁错列传》："乃以刀决张。" 意思是说用刀割开幕帐。《释名·释床帐》也用 "张" 解释 "帐"。"帐" 本义就是床帐，泛指张挂或支架起来作为遮蔽的用具，如 "蚊帐" "营帐" "帐篷" 等。"帐饮" 指在郊外设帷帐宴饮饯行。江淹《别赋》："至若龙马银鞍，朱轩绣轴。帐饮东都，送客金谷。" "帐饮东都" 是说在东都门外搭起篷帐为客人饯行。"帐" 又指钱物出入的记录。《隋书·高祖纪下》："凡是军人，可悉属州县，垦田籍帐，一与民同。" 这个意义后作 "账"。

　　"账" 作为 "帐" 的分化字，专指钱物出入的记载或簿账。《红楼梦》第八回："还有几个管事的头目，共有七个人，从账房里出来，一见了宝玉，赶来都一齐垂手站住。"

"账"还指债务，如《红楼梦》第一百〇六回："如今闹出放账取利的事情。"今天还常说"还账""欠账""拉账""冲账""赊账"等。

可见，"帐"本义指床帐，字本作"张"，后来改为从"巾"；"账"则从"帐"字分化出来，专门表示登记钱财货物的记载或簿册。

137."治"和"冶"

"治"和"冶"都很常用，差别只是多一个点和少一个点的问题，前一个是"治理"的"治"，后一个是"冶炼"的"冶"。为什么"冶"比"治"少了一个点就成了另一个字呢？这就要看看它们的来源了。

"治"左边三个点是"水"字的变形。"水"，甲骨文作𣲙，金文作𣲙，小篆作𣱱。中间的一个竖笔似水流，两边的点如水滴，本义就是水流。甲骨文中就用为洪水、水灾等意思，如《甲骨文合集》33356："壬子卜，亡（无）水。"金文中用作河流的通称。同篇："自滹东至于河，乃逆至于玄水。"《说文·水部》："水，准也。""准"是什么意思呢？水往低处流，许慎强调了水"公平"的特点，水是最平的，可以用来作为标准。装修房屋的时候都要用一个仪器，叫"水平仪"或"水准仪"。地球上的水大部分集中在江河湖海之中，于是"水"就获得了江河湖海的总称这一意义。在"万水千山""跋山涉水""水陆交通"等词语中，"水"就泛指江河湖海。"水"也可以专指江河，如"汉水""淮水"

等，我国第一部记载河道水系的专著就叫《水经》。

讲清楚了"水"，我们再来看"治"字。《说文·水部》："治，水。出东莱曲城阳丘山，南入海。从水，台声。"可见"治"本是一条河的名字。后来"治"被借用表示治理的意思。如《史记·夏本纪》："尧求能治水者。"引申为处理其他事情，有惩处、医治、研究等意义。"治"还指治理得好、太平，与"乱"相对。《荀子·天论》："日月星辰瑞历，是禹桀之所同也。禹以治，桀以乱，治乱非天也。"

再来看"冶"字。《说文·仌部》："冶，销也。从仌，台声。""冶"的意思是冰雪消融。

为什么"冶"跟"冰"有关呢？这就得来看看"冶"字的部首了。虽然看上去"冶"比"治"只是少了一点，但有没有这一点，差别可就大了。"冶"左边的一点、一提，是从"冰"字变来的。"冰"字金文作 ，似冰开始凝结的纹理。小篆作 。但这一字形没有在文献中单用。大概是"仌"不是很方便用隶书书写，这一意义后用了"冰"字表示。而"冰"本来的意思是"凝结"的"凝"，因为用了"冰"替代"仌"，所以又另外造了"凝"字。到了南朝，顾野王所写的楷书字典《玉篇》中出现了偏旁"冫"，意思是："冬寒水结也。"《说文》中"仌"部有十六个字，绝大部分都与冰冻、寒冷有关，如"寒""冬""冷""凉""凛""冽"等。

可能有人会问："冶炼"不是炼铜炼钢的意思吗？那应该是跟火有关啊！是的，现在"冶炼"的意思就是炼铜、炼钢等。湖北还有个地名叫"大冶"，这里被称为千年青铜故里，曾经盛产铜矿，并且是重要的青铜冶炼地。不过"冶"的本义是冰雪融化，后来意义引申，可以泛指一切固体的东西融化为液体，由此"冶"才有了冶炼的意思。

了解了"水"和"冰"的来源，就清楚了两点一提就是"水"字的变形，一点一提就是"冰"字的变体，也就不会把两个字弄混了。以后对类似的字，如"泠"和"冷"等，也要注意区分。同时也知道冬天的"冬"、寒冷的"寒"下面的两笔是什么意思了。

138. "准"和"淮"

　　"准"和"淮"这两个字十分相似。右边都是"隹"（zhuī），只是"准"的左边是"冫"，"淮"的左边是"氵"。"冫"和"氵"只差一个点，为什么一个点的区别就成了两个不同的字呢？

　　先说"准"字。"准"本为"準"的俗字，现为"準"的简化字。小篆作𤄴，左边为"水"，右边是"隼"（sǔn），表读音。《说文·水部》："準，平也。从水，隼声。"许慎说"準"如水之平。从"水"是因为水最为公平。后转指取平的工具。《管子·宙合》："世用器械，规矩绳准，称量数度，品有所成，故曰：人不一事。""规矩"是画圆、方的工具，"绳准"指绳墨和水准，是量平直的工具。又如《汉书·律历志上》："准者，所以揆平取正也。"

　　"准"又引申为标准、法则。《荀子·致士》："礼者，节之准也。"荀子认为礼制是确定礼节、礼仪等法度的标准。"准"还作动词。唐、宋以来，"准"是官府公文中对许可之事的批语，表允许、批准。《周书·文帝纪

298

下》："乃于战所，准当时兵士，人种树一株，以旌武功。"古人作战结束，允许将士们每人在获胜的战场种下一棵树，以此表彰他们的功劳。"准"还可作形容词，表示准确。成语"放之四海而皆准"出自《礼记·祭义》，其中说："推而放诸东海而准，推而放诸西海而准，推而放诸南海而准，推而放诸北海而准。"古人认为中国四境有海环绕，故称全国为"四海"。这个词现在用来比喻具有普遍性的真理在哪儿都适用。

再说"淮"字。《说文·水部》："淮，水。出南阳平氏桐柏大复山，东南入海。从水，佳声。""淮"是一条河流的名字，即今天的淮河。《诗经·小雅·鼓钟》："鼓钟将将，淮水汤汤。"古有"四渎"之说，指长江、黄河、淮河、济水。《尔雅·释水》："江、河、淮、济为四渎。四渎者，发源注海者也。"淮水自古有名，淮河流域的农耕文化历史悠久。历史上，淮河流域在雨季易发洪水，这与黄河夺淮入海以及淮河流域部分河段地形落差大有关。成语"橘生淮南"中的"淮"指淮河。《晏子春秋·内篇杂下》："婴闻之：橘生淮南则为橘，生于淮北则为枳，叶徒相似，其实味不同。所以然者何？水土异也。"晏婴借用橘子的生长环境阐释环境变了则事物性质也会发生变化的道理。

可见，"准"和"淮"虽然只有一个点的差别，但意义和用法都大不相同，一定要注意分辨。

139. "子" 和 "孑"

　　"子" 和 "孑"（jié）这两个字相似度很高，区别在于中间是一横还是一提。为什么仅相差一个笔画就是两个不同的字呢？它们之间是否有联系呢？

　　"子" 是一个象形字。甲骨文作 𝍓，像婴儿之形，下肢只有一笔，代表刚出生的婴儿尚在襁褓里，不会走路。本义是婴儿，又泛指孩子。卜辞中或用其本义。如《甲骨文合集》21065："己亥卜，王：余弗其子妇姪子？""妇姪"为商王配偶名，这里卜问是否以妇姪所生之子为子。不过，卜辞中 "子" 更常用的是作为干支用字。"子" 也泛指儿女、后辈。《战国策·赵策四》："太后曰：'丈夫亦爱怜其少子乎？'对曰：'甚于妇人。'"这里的 "子" 指儿子，赵太后问触龙："男子也怜爱他的小儿子吗？"触龙回答道："爱得比女人还厉害呢！""子" 也可专指女儿。《诗经·卫风·硕人》："齐侯之子，卫侯之妻，东宫之妹，邢侯之姨。"这句话交代了美人庄姜显赫的身世，她是齐侯的爱女、卫侯的新娘、太子的胞妹、邢侯的小姨。"子" 又用作形容词，义为幼小的，也指其他小动物，如"子鸡""子鱼"指小鸡、小鱼。

"子"也用于对男子的美称或尊称。如"孔子""墨子""庄子"等。由对诸子的尊称，又指他们的著作，"子"为四部分类法中的第三类，即"子部"。

"子"作为《说文》的一个部首，有十五个属字，它们多与婴儿或生育有关。

"孑"字小篆作 ，像少了一只臂膀的人。《说文·了部》："孑，无右臂也。"本义是孤单。李密《陈情表》："茕茕孑立，形影相吊。"李密写自己独身一人，只能和身影相互慰藉。与之意义相近的词语还有"孑然一身"，也指孤零零一个人。《三国志·吴书·陆瑁传》："若实孑然，无所凭赖，其畏怖远迸，或难卒灭。"

文献中"孑"又有遗留、剩余义。《诗经·大雅·云汉》："周余黎民，靡有孑遗。"这是一首周宣王忧旱祈雨的诗。旱灾让民众难以生存，周地余下的那些百姓，现在几乎一无所剩。

"孑"和"孓"（jué）在一起组成专有名词"孑孓"，指蚊子的幼虫。孑孓身体细长，呈深褐色，游泳时身体一屈一伸，俗称"跟头虫"。

从小篆字形来看，"孑"是"子"的省形。在后来的使用中，"子"为部首字，意义与用法较多；而"孑"意义单一，今多用于"孑孓"一词。

参考文献

1. ［东汉］许慎《说文解字》，中华书局 2013 年。

2. ［梁］顾野王《大广益会玉篇》，中华书局 1987 年。

3. ［梁］顾野王《原本玉篇残卷》，中华书局 1985 年。

4. ［南唐］徐锴《说文解字系传》，中华书局 1987 年。

5. ［元］戴侗著，党怀兴、刘斌点校《六书故》，中华书局 2012 年。

6. ［清］段玉裁《说文解字注》，上海古籍出版社 1988 年。

7. ［清］桂馥《说文解字义证》，中华书局 1987 年。

8. ［清］莫友芝著，梁光华注评《唐写本说文解字木部笺异注评》，贵州人民出版社 1998 年。

9. ［清］钱大昕《十驾斋养新录》，江苏古籍出版社 2000 年。

10. ［清］阮元校刊《十三经注疏》，中华书局 1980 年。

11. ［清］王筠《说文解字句读》，中华书局 1988 年。

12. ［清］王筠《说文释例》，中华书局 1988 年。

13. ［清］王筠《文字蒙求》，中华书局 2012 年。

14. ［清］朱骏声《说文通训定声》，武汉市古籍书店 1983 年。

15. 陈梦家《中国文字学》，中华书局 2006 年。

16. 党怀兴《〈六书故〉研究》，陕西师范大学出版社 2000 年。

17. 丁福保《说文解字诂林》，云南人民出版社 2006 年。

18. 董莲池《说文部首形义新证》，作家出版社 2007 年。

19. 高明《中国古文字学通论》，北京大学出版社 1996 年。

20. 郭沫若《两周金文辞大系图录考释》，上海书店出版社 1999 年。

21. 郭芹纳《训诂学》，高等教育出版社 2005 年。

22. 郭锡良《汉字古音手册》，商务印书馆 2010 年。

23. 何琳仪《战国古文字典》，中华书局 1998 年。

24. 黄德宽《古文字谱系疏证》，商务印书馆 2007 年。

25. 黄德宽《汉字理论丛稿》，商务印书馆 2006 年。

26. 黄侃述，黄焯编《文字声韵训诂笔记》，上海古籍出版社 1983 年。

27. 黄寿祺、张善文《周易译注》（修订本），上海古籍出版社 2001 年。

28. 黄天树《〈说文解字〉通论》，北京大学出版社 2014 年。

29. 黄孝德《敝帚自珍集》，武汉大学出版社 2015 年。

30. 李国英《小篆形声字研究》，北京师范大学出版社 1996 年。

31. 李圃主编《古文字诂林》，上海教育出版社 2002 年。

32. 李学勤主编《字源》，天津古籍出版社 2012 年。

33. 李运富《汉字学新论》，北京师范大学出版社 2012 年。

34. 林沄《古文字学简论》，中华书局 2012 年。

35. 刘钊《古文字构形学》，福建人民出版社 2006 年。

36. 陆宗达《说文解字通论》，中华书局 2015 年。

37. 陆宗达、王宁《训诂方法论》，中国社会科学出版社 1983 年。

38. 齐元涛《隋唐五代碑志楷书构形系统研究》，上海教育出版社 2007 年。

39. 裘锡圭《文字学概要》，商务印书馆 2013 年。

40. 人民教育出版社辞书研究中心《汉字源流精解字典》，人民教育出版社 2015 年。

41. 容庚编著，张振林、马国权摹补《金文编》，中华书局

1985 年。

42. 沈兼士《沈兼士学术论文集》，中华书局 1986 年。

43. 宋永培《说文汉字体系研究法》，广西教育出版社 1999 年。

44. 宋永培《说文与上古汉语词义研究》，巴蜀书社 2001 年。

45. 苏宝荣《〈说文解字〉导读》，陕西人民出版社 1993 年。

46. 苏宝荣《〈说文解字〉今注》，陕西人民出版社 2000 年。

47. 汤可敬《〈说文解字〉今释》，岳麓书社 1997 年。

48. 王凤阳《汉字学》，吉林文史出版社 1998 年。

49. 王贵元《〈说文解字〉校笺》，学林出版社 2002 年。

50. 王国维《观堂集林》，中华书局 1956 年。

51. 王辉《商周金文》，文物出版社 2006 年。

52. 王立军《宋代雕版楷书构形系统研究》，上海教育出版社 2005 年。

53. 王宁《汉字构形学导论》，商务印书馆 2015 年。

54. 王宁《训诂学与词汇语义学论集》，语文出版社 2011 年。

55. 王宁主编《通用规范汉字字典》，商务印书馆 2013 年。

56. 王宁主持整理《章太炎说文解字授课笔记》，中华书局 2010 年。

57. 徐前师《唐写本玉篇校段注本说文》，上海古籍出版社 2008 年。

58. 徐正考《〈论衡〉词汇研究》，吉林大学出版社 2014 年。

59. 徐中舒主编《甲骨文字典》，四川辞书出版社 1989 年。

60. 许进雄《文字小讲》，湖南文艺出版社 2021 年。

61. 杨树达《积微居小学金石论丛》，中华书局 1983 年。

62. 杨树达《积微居小学述林》，中华书局 1983 年。

63. 姚孝遂《许慎与〈说文解字〉》，中华书局 1983 年。

64. 于省吾《甲骨文字释林》，商务印书馆 2010 年。

65. 于省吾主编，姚孝遂按语编撰《甲骨文字诂林》，中华书局 1996 年。

66. 曾宪通、林志强《汉字源流》，中山大学出版社 2011 年。

67. 詹鄞鑫《汉字说略》，辽宁教育出版社 1991 年。

68. 张其昀《说文学源流考略》，贵州人民出版社 1998 年。

69. 张书岩、王铁昆、李青梅、安宁《简化字溯源》，语文出版社 1997 年。

70. 张舜徽《〈说文解字〉约注》，中州书画社 1983 年。

71. 张涌泉《汉语俗字研究》，商务印书馆 2010 年。

72. 赵平安《隶变研究》，河北大学出版社 2007 年。

73. 赵学清《说文部首通解》，中华书局 2019 年。

74. 赵学清《战国东方五国文字构形系统研究》，上海教育出版社 2005 年。

75. 郑振峰《甲骨文字构形系统研究》，上海教育出版社 2005 年。

76. 周大璞主编，黄孝德、罗邦柱编著《训诂学初稿》（第六版），武汉大学出版社 2015 年。

77. 祝敏申《〈说文解字〉与中国古文字学》，复旦大学出版社 1998 年。

78. 邹晓丽《基础汉字形义释源》（修订本），中华书局 2007 年。

79. 左民安《细说汉字》，九州出版社 2015 年。

80. 左民安、王尽忠《细说汉字部首》，九州出版社 2005 年。

索　引

说明：

1. 本索引可检索书中收录的 139 组共计 296 个单字。

2. 索引中每个字前面的数字为该字所在标题的序号，后面的数字为该字所在标题的页码。

3. 本索引采用音序编排。因本书以中小学生为读者对象，主要讲解常用字的形音义，故索引中多音字只出常用音，未列该字的其他音读。

308

后 记

2023年4月初，我接到责编黄御虎先生的微信，告知《学生汉字形近易混字通解》已经排版完毕，要我们进行一校。听到这消息，真是很开心！

谈起此书的动因，不得不说到湖北电视台的那档《汉字解密》节目。2019年初，经杨逢彬兄介绍，我开始为湖北电视台教育频道的《汉字解密》栏目撰写稿件，录制音像。一开始写作、录制了"犬"部的五个字——"犯""狂""狐""突""犹"。2019年夏天又录制了与"鸟"有关的五个字——"羽""巢""飞""翔""鸣"。2019年底写好了第三组字——"朝""明""显""早""照"。责编董先满先生约我去武汉录制节目。不巧由于我早就接受了伊犁师范大学邀请，12月下旬在那里给研究生集中讲授一门课程，录节目的事就往后拖了。此后武汉封控，赴武汉无望，于是后来采取我自己录制的音频，由编导加工，配卡通形象演播，完成节目。2020年下半年还写了"艰""难""劳""困"一组，同样也没有去武汉录制，只发过去音频。前面的这四组字是电视台确定的，多是按某一部首或某一主题选择一些常用字讲解。后来电视台又调整了选字原则，要我写几组形近易混的字讲一讲，以利于中小学生辨析汉字。2021 年元月，写了五组字——"币"与"帀"、"帀"与"市"、"末"与"未"、"日"与"曰"、"治"与"冶"。这五组字发给编导后，既没有现场录播，也没有让我录制音频。后来了解到，大概是《汉字解密》栏目也做了几年，需要讲的字也差不多了，这个栏目暂时告一段落。

2021 年初写的这几篇形近易混字稿子就这样放下了。后来有《华商报》记者付启梦女士采访我，主要是回复社会上民众对一些常用字易混字形问题的解释。再早几年的时候，我还作为评委参加过几次陕西省和西安市中小学生汉字听写大会，发现中小学生也容易对形近字的使用产生混淆。与这有关的还有一个经历也萦绕在我脑海中。2005 年 7 月至 2013 年 7 月，我在学校国际汉学院任副院长，曾给留学生开设汉字课，其间也总有学生询问如何区分形近字的问题。这就让我下决心写本讲解形近易混字的书，让多年放不下的念头付诸实施。写作大纲和样稿完成后，发给了中华书局秦淑华编审，她非常热心，帮我将选题和样稿推荐给了商务印书馆顾青先生。顾先生安排编辑部审稿，在李智初先生帮助下，安排了黄御虎先生负责此书编辑出版。

从 2021 年底开始全面撰写此书，到 2022 年 11 月初交稿，我们差不多用了一年的时间完成此书的撰写和修改。书稿是我和博士生付露、黄爽合作完成的，博士生任纹也撰写了部分初稿，帮助核查了大量资料。

在本书写作过程中，我也曾就汉字与中华文化这一话题做过几次讲座，无论是在大学还是在中小学，都受到听众的欢迎。我印象最深的一次是 2023 年 4 月 1 日在陕西省图书馆"陕图讲坛"，当时讲座题目是"《说文解字》与中国文化"，听众近两百人，从年轻人到年长者都有。讲完后，围到讲台上问问题的听众有十多人，问的诸如"今天简体字能不能都转换成繁体""能不能推荐讲解文字学的好的普及读本""有没有适合中小学生的讲解汉字的书"等，讲座结束后，听众围着我问了有半个多小时，最后陕西省图书馆的工作人员帮忙解围才结束。我越来越感到人们对汉字知识还是很有兴趣的，以汉字学理论讲解汉字的普及书也是社会非常需要的。这次讲座得到《光明日报》"光明讲坛"的关注，在"光明讲坛"史楠主编的支持与帮助下，讲座内容经过整理在 2023 年 4 月 15 日《光明日报》第 10 版的"光明讲坛"发表，进一步得到社会的关注。这就更增强了我们写好此书的信心和决心。

今天，学生在学习使用汉字时会遇到各种困难和问题，其中在汉字字形方面最容易出错的是形近字、繁简字和通用字。本书主要谈的是形近字如何区分和使用的问题。接下来我们将要编写的还有两本，一本是繁简易混字通解，一本是通用易混字通解。希望能借这套书将文字学研究的成果以尽量通俗的方式传达给中小学生和社会上关注汉字的人，为社会普及汉字知识服务，为弘扬优秀传统文化服务，同时也为增强文化自信做出自己的贡献。

还要说明的是，这本书也是 2020 年国家语委重大项目"港澳地区国家通用语言文字推广普及研究"（ZDA135-14），2021 年国家社科基金重点项目"港澳地区多语多文制的历史与现状研究"（21AYY009），2022 年教育部人文社会科学研究基地重大项目、北京师范大学民俗典籍文字研究中心课题"《说文》文本的现代阐释与海外传播研究"（22JJD740009）的阶段性成果，本书的出版得到了以上基金的资助，谨此致谢！

最后特别感谢商务印书馆顾青先生、李智初先生、黄御虎先生的大力支持和帮助！

书中尚有不少问题，请读者批评、赐教！

赵学清

2023 年 5 月于西安